Norbert Scholl

Wenn der Kinderglaube nicht mehr trägt

Norbert Scholl

Wenn der Kinderglaube nicht mehr trägt

Von der Sicherheit zum Vertrauen

FREIBURG · BASEL · WIEN

Umschlaggestaltung: Finken & Bumiller, Stuttgart
Umschlagmotiv: © Getty Images, Tom Landecker

Alle Rechte vorbehalten – Printed in Germany
© Verlag Herder Freiburg im Breisgau 2002
www.herder.de
Satz: A. Scheydecker, Freiburg im Breisgau
Druck und Bindung: fgb · freiburger graphische betriebe 2002
www.fgb.de
Gedruckt auf umweltfreundlichem,
chlor- und säurefrei gebleichtem Papier
ISBN 3-451-27614-3

Inhalt

Vorwort

Für viele Menschen bedeutete der christliche Glaube früher eine wichtige Lebenshilfe. Er hat ihnen in den Krisensituationen des Lebens Mut gegeben. Er hat ihnen Hoffnung eingeflößt, wenn sie ihr Leben verzweifelt wegwerfen wollten. Er hat ihnen Kraft gegeben, wenn sie schwach zu werden drohten. Er hat sie mit Freude erfüllt über die Zuwendung Gottes an die Menschen und über die Gemeinschaft der Mit-Glaubenden. Er hat Menschen dazu motiviert, ihr Leben einzusetzen, um anderen Menschen zu einem menschenwürdigen Dasein zu verhelfen und ihnen das Leben wieder lebenswert zu machen.

Heute ist dieser Glaube für nicht wenige Zeitgenossen schal geworden. Manche Kirchenführer, auch noch im letzten Jahrhundert, haben ihn zu einer Drohbotschaft umgewandelt und missbraucht. Darum haben sich viele von ihm abgewendet. Andere fühlen sich vom Glauben in der Form, wie er heute verkündet und dargeboten wird, nicht mehr angesprochen. Er erscheint ihnen bedeutungslos, nichtssagend, antiquiert. Manches an diesem Glauben wirkt auf sie wie ein Märchen aus längst vergangener Zeit. Anderes hält ihren quälenden Fragen nicht stand. Das mag auch daran liegen, dass es die Theologen noch immer nicht recht fertig gebracht haben, die Ergebnisse ihrer Forschungen um eine reflektierte Durchdringung des Glaubensgutes unters Volk zu bringen. Der „Glaube" der Theologen und der „Glaube" weiter Kreise des „normalen" Gottesvolkes klaffen auseinander.

Dieses Buch will dem entgegenwirken.

- Es möchte Hindernisse des Glaubens benennen und Hilfen anbieten, sie zu durchschauen und aus dem Weg zu räumen.
- Es möchte Mut machen, einen neuen Aufbruch zum Glauben hin zu wagen.
- Es möchte dazu anleiten, über die vielen Stolpersteine hinweg den Weg zum Eigentlichen zu suchen.
- Es möchte schließlich an einigen Beispielen zeigen, wie dieser „neue" und alte Glaube heute gelebt werden kann.

Pfingsten 2001   *Norbert Scholl*

1
Die Hindernisse erkennen

1.1 Ideologieverdächtige Haltungen

Es ist schon eine Weile her, da behauptete ein Psychotherapeut, dass manche seiner ausgesprochen christlich geprägten Patienten weniger einen Glauben leben als vielmehr von einer Ideologie beherrscht werden. Er schrieb: „Wir machen in der Psychotherapie nicht nur die Erfahrung, dass vielen Menschen die christliche Wahrheit unzugänglich geworden ist, weil sie zu sehr als Ziel und zu wenig als Weg dargestellt wird, sondern wir müssen oft auch feststellen, dass ausgesprochen christlich Geprägte unter unseren Patienten bei näherem Eingehen auf ihre unbewussten Grundlagen weniger einen Glauben leben als vielmehr von einer Ideologie beherrscht werden. Das sind jene Fälle, in denen sich durch eine Psychotherapie ein scheinbar fester Glaube auflöst – aber nicht, weil die Psychotherapie ein Feind des Glaubens wäre, sondern weil Ideologie ihr nicht standhält."[1]

Nicht der Glaube wird als „Ideologie" hingestellt, sondern die Beobachtung, dass bestimmte Gläubige bei näherem Hinschauen ideologieverdächtige Haltungen an den Tag legen. Und diese, so der Therapeut, halten der Psychotherapie nicht stand und werden von ihr enttarnt. Zu fragen wäre, was mit Ideologie gemeint ist. Im „Lexikon für Theologie und Kirche" steht: „Als Ideologie gelten verkürzende, offensichtliche Widersprüche zur Realität leugnende oder verdeckten Zwecken dienende Deutungs- und Regelungskomplexe."[2] Das klingt reichlich kompliziert. Am besten lässt sich das, was hier im Hinblick auf die Haltung „ausgespro-

chen christlich geprägter Patienten" gemeint ist, durch ein Beispiel verdeutlichen.

Untersuchungen, die noch zu Zeiten des Kalten Krieges in
Kanada gemacht wurden, haben ergeben, dass kirchentreue
Katholiken die Politik friedlicher Koexistenz ablehnten oder ihr
zumindest skeptisch gegenüberstanden. Dagegen begrüßten sie
die atomare Abschreckung oder nahmen sie wenigstens unwider-
sprochen hin. Nichtchristen oder indifferente „Taufscheinkatho-
liken" waren weit konzilianter und setzten sich eher für eine Ab-
rüstungspolitik ein. Das Ergebnis der Erhebungen: „Der selbst-
kritisch-kritische Christ wird sich eher auf eine friedliche Koexistenz mit dem politischen Gegner, dem ideologischen Rivalen,
dem militärischen Feind einlassen als der konformistische Typ.
Anders gesagt: Der konventionelle Christ ist eher autoritär-
aggressiv und kriegsfreundlich als derjenige, dessen Glaube gegen
den herrschenden Geist des Christentums verstößt [...] Religiosität hat eins gemeinsam mit dem Nationalismus, Militarismus
und Konservatismus: Sie ist vertraut mit der Gewalt. Nationalismus, Militarismus, Konservatismus und Religiosität – diese ideel-
len Einstellungen lassen alle eine fast instinktive Bereitschaft
erkennen, Gewalt anzuwenden oder mit Gewalt und Strafe zu
drohen. Beides soll dazu dienen, menschliches Verhalten zu kon-
trollieren und Konfliktsituationen zu lösen."[3]

Eine ähnliche Haltung sehe ich gegeben bei manchen Katho-
likinnen und Katholiken, die sich ihrer unwandelbaren und frag-
losen Treue zu Papst und Kirche rühmen. Sie nehmen gern für sich
in Anspruch, in besonderer Weise dem Werk Gottes (lat.: opus
dei) unter den Menschen zu dienen und ihm zur Durchsetzung zu
verhelfen. Sie verbergen sich hinter einer Buchstabengläubigkeit in
Bezug auf die Heilige Schrift und hinter einem Schutzwall (angeblich) unantastbarer Sätze und Formeln. Eine solche Haltung wird
heute meist als Fundamentalismus bezeichnet.

Ein französischer Theologe hat die Ansicht vertreten, dass sich
heute zwei Katholizismen gegenüberstehen: ein humanes Katho-

lischsein und ein autoritärer Priesterkatholizismus. „Der erste nimmt als toleranter Katholizismus im Gefolge des Zweiten Vatikanischen Konzils die Demokratisierung der Gesellschaft in sich auf und stellt sich an die Spitze des Kampfes um Gerechtigkeit. Diese Art des Katholischseins lebt von den kritischen und sozialen Impulsen der Theologie der Befreiung, von der feministischen Theologie, von der Ökumene zwischen den Kirchen und den Religionen und schließlich vor allem von den humanen Entwicklungen in der offenen Gesellschaft. Diese katholische Menschlichkeit braucht keine geschlossene Institutionalisierung, um lebensfähig zu sein. Die freien Katholiken erleben ihren Glauben innerhalb der komplexen Strukturen der modernen Gesellschaft nicht mehr in Abhängigkeit von der sie sichernden Institution, sondern im Kontakt mit einem lebendigen Evangelium – auch wenn sie die bischöfliche und päpstliche Kirchenstruktur als eine allzu menschliche Kirchenverwaltung noch ertragen müssen. Der zweite Katholizismus bleibt römisch zentralisiert und von der Hierarchie beherrscht. Er verheißt nicht Freiheit, sondern Sicherheit, und zwar Sicherheit durch die Institution und durch das von der Hierarchie normierte Leben. Seine kirchenpolitische Stärke liegt in der autoritären Strukturierung von Familie, Gemeinschaft und Verbänden. Seine Schwäche besteht jedoch in der Verleugnung der Lebenserfahrung von Glaubenden, die mitten in der modernen Gesellschaft die Freude ihres Daseins im Kampf um Gleichberechtigung, Anerkennung der Menschenwürde und Freiheit vor Gott erfahren."[4]

Ich meine, diese zweite Form des Katholizismus zeigt deutlich ideologieverdächtige Haltungen, wenn man jenen Kriterienkatalog für einen ideologisch gelebten Glauben anwendet, den der Münchener Tiefenpsychologe PAUL MATUSSEK aufgestellt hat. MATUSSEK hat sich über Jahre hinweg mit dem Problem Ideologie und Glaube beschäftigt.

„l. Weltanschauung wird missionarisch vertreten – Hang zum Predigen und Belehren.

11

2. Intoleranz anderen Weltanschauungen gegenüber.
3. Andere Weltanschauungen werden grundsätzlich abgewertet.
4. Starres Befolgen äußerer Gesetze und Vorschriften – autoritär bestimmtes Gewissen.
5. Enge des sittlichen Bewusstseins, Tendenz zum Rigorismus.
6. Überlegenheitsgefühl über andere, besonders über Mitglieder anderer Weltanschauungen.
7. Hang zu Besserwisserei und Rechthaberei.
8. Empfindlichkeit gegenüber Kritik an eigener Person.
9. Tendenz zu Konflikten mit Vorgesetzten.
10. Distanzierte Einstellung zum Mitmenschen. Tendenz zum Sonderling.
11. Kontakt wird hauptsächlich über die gemeinsame Weltanschauung hergestellt. Hierdurch kann starker Kontakt erreicht werden.
12. Schwierigkeiten im emotionalen Nahkontakt (besonders in der Ehe)."[5]

Der ideologisch Glaubende begnügt sich, fraglos das für wahr zu halten, was ihm „die" Kirche zu glauben vorlegt. Er ist gänzlich unkritisch gegenüber sich selbst und auch gegenüber jener Institution, deren Glaubenssätze und –vorstellungen er übernimmt und mit der er sich vollständig identifiziert. Er fragt nicht, wie es zu diesem Glauben gekommen ist, welche Argumente dafür vorgelegt werden, ob diese hieb- und stichfest sind. Der ideologisch Glaubende hat einen unverrückbaren „Standpunkt". Das geschichtlich Gewordene ist für ihn das Unwandelbare; das Bestehende erhält den Nimbus des so und nicht anders Möglichen. „Es geht ums Prinzip", so hört man Ideologen häufig sagen, denn für sie ist das Prinzip wichtiger als die Realität. Pointiert gesprochen: Stimmen Prinzip und Wirklichkeit nicht überein, dann steht es eben schlimm um die Wirklichkeit.

Ein historisches Beispiel ideologischer „Prinzipientreue" ist das Verbot der Pockenschutzimpfung durch Papst LEO XII. im Jahre 1829, weil nach Ansicht dieses Papstes die Pocken ein Strafgericht des Himmels seien und der Mensch daher kein Recht habe, sich dagegen zur Wehr zu setzen.

Der ideologisch Glaubende haftet stark an Äußerlichkeiten. Er schaut nicht auf den Eindruck, den seine Sache beim anderen hinterlässt, sondern auf *den Ausdruck*, den sie beim anderen findet. Ihm geht es in erster Linie nicht darum, den anderen zu überzeugen, sondern ihn für die eigene Sache zu gewinnen, so dass er bereit ist „mitzumachen". Nach den Motiven solchen Mitmachens wird nicht gefragt. Entscheidend ist die äußere, vorzeigbare Handlung, nicht aber die dahinter stehende innere Gesinnung. Solche Haltung kann leicht zu Intoleranz und Aggressivität gegenüber Andersdenkenden führen.

Besonders anfällig für eine ideologische Glaubenshaltung sind jene Menschen, die aufgrund ihres Lebensalters oder ihrer retardierten Persönlichkeitsentwicklung noch nicht zur Reife gelangen konnten. Sie bedürfen einer Institution, die sie führt, die sie in Zweifeln stützt und trägt und selbst nicht ideologisch fixiert ist. Hier fiele der Kirche als Institution eine große und wichtige erzieherische Aufgabe zu. Was aber, wenn diese Institution oder eine Reihe ihrer maßgebenden Repräsentanten selbst nicht frei von ideologischen Zügen in ihrer Glaubenspraxis sind? Wenn ideologischer Glaube durch sie nicht abgebaut, sondern eher noch verstärkt wird?

In der gut gemeinten Absicht, die Gläubigen vor schädlichen Einflüssen zu schützen und sie in ihrem Glauben zu stärken, statten sich oberste Entscheidungsgremien einer Institution nicht selten mit Vollmachten aus, die ihnen den Charakter des Unangreifbaren und über alle Zweifel Erhabenen verleihen. Häufig sind es auch bestimmte historische Gegebenheiten – Notzeiten, Verfolgungen, Krisensituationen –, die der Institution diese Machtposition zufließen lassen. Sind die Gefahren vorüber, so wird der aus Not geborene Machtzuwachs meist nicht wieder abgebaut, sondern er bleibt erhalten, ja er wird vielfach noch verstärkt und ausgedehnt.

So wird gegenwärtig der Versuch gemacht, den vom Ersten Vatikanischen Konzil (1870/71) definierten Unfehlbarkeitsanspruch des Papstes (in Glaubens- und Sittenlehren, die die ganze Kirche betreffen und die feierlich verkündet werden müssen) auch auf andere Äußerungen, auf Enzykliken und einen „Erlass aus eigenem Antrieb" („Motu Proprio") des Papstes auszuweiten. Das bräuchte nicht zu geschehen, wenn diese Verlautbarungen durch die überzeugende Kraft der vorgelegten Argumente und durch die zwingende Logik der Beweisführung überzeugen könnten. Das ist leider häufig nicht der Fall, und darum beruft man sich auf die gottgegebene Autorität und Vollmacht. Die freie und offene Diskussion wird nicht zugelassen, das Erwägen alternativer Lösungen und Vorstellungen wird von vornherein verdächtigt. Solches Vorgehen soll die von den bestehenden Autoritäten vorgegebenen und bereitgehaltenen Problemlösungen fixieren, alternative Denkmodelle ausschalten und die Institution und das Bestehende stabilisieren.

Es war und ist nicht immer leicht zu unterscheiden, inwieweit bei solchen Versuchen gottgegebene Autorität, menschlich-allzumenschliche Eitelkeit und psychisch bedingter Drang zur Ideologisierung ineinander fließen und wo das eine aufhört und das andere anfängt. So vertritt ERICH FROMM die Ansicht, dass die so genannte westliche Welt kaum wirklich christlich geworden sei. Er ist der Meinung, „dass man höchstens von einer zeitlich begrenzten Bekehrung zwischen dem 12. und dem 16. Jahrhundert sprechen könnte und dass in den Jahrhunderten davor und danach die Religion im Großen und Ganzen eine Ideologie blieb, begleitet von einer mehr oder weniger weitgehenden Unterwerfung unter die Kirche; und dass sie nicht mit einem Wandel des Herzens, d. h. mit einer Veränderung des Charakters, einherging."[6]

Es wird heute viel über das Schwinden der Religiosität geklagt. Der christliche Glaube, so sagt man, befinde sich in einer tiefen Krise. Das mag zutreffen. Aber vielleicht deutet diese Krise nur das Schwinden einer vorwiegend ideologisch geprägten Glaubenshaltung an. Ideologischer Glaube ist leichter zu vollziehen, weil er die persönliche Entscheidung abnimmt, weil er ein fertiges Raster besitzt, das er nur der Welt aufzulegen braucht, um sie zu erklären, weil er ein Prinzip hat, mit dem er durch dick und dünn gehen kann – auch an den Realitäten vorbei.

Vielleicht sind wir auf dem Weg zu einem Glauben, der wieder näher an der vorgegebenen Wirklichkeit liegt und stärker auf die jeweilige Situation bezogen ist. Vielleicht bedeutet der beklagte Zerfall des „Glaubens" nur das Dahinschmelzen eines ideologischen Scheinglaubens, der eine intellektuelle Überzeugung oder sogar einen psychischen Zwang darstellte, nicht aber eine personale, eigenverantwortete Aneignung und Durchdringung. Der bekannte Wiener Psychotherapeut VIKTOR E. FRANKL wurde einmal gefragt, ob er glaube, dass der Trend von der Religion wegführe. Seine Antwort lautete: „Ich sagte, der Trend führe nicht von der Religion weg, sehr wohl aber von jenen Konfessionen, die anscheinend nichts anderes zu tun haben, als gegeneinander zu kämpfen und sich gegenseitig die Gläubigen abspenstig zu machen. Nun fragte mich die Reporterin, ob dies heißt, dass es früher oder später zu einer universalen Religion kommen werde, was ich aber verneinte: Im Gegenteil, sagte ich, wir gehen nicht auf eine universale, vielmehr auf eine personale – eine zutiefst personalisierte Religiosität zu, eine Religiosität, aus der heraus jeder zu seiner persönlichen, seiner eigenen, seiner ureigensten Sprache finden wird, wenn er sich an Gott wendet."[7]

Das Evangelium ist keine Ideologie, kein Dogma, keine Paragraphensammlung, kein Gesetz. Jesus war kein Ideologe, kein Dogmatiker, kein Paragraphenreiter, kein Jurist. Und er hat den Heiligen Geist nicht dazu verheißen, dafür zu sorgen, dass das Evangelium, die Frohe Botschaft, zu einer fixen, leblosen Ideologie umfunktioniert wird. Der Geist soll die Flamme zum Lodern bringen. Er soll dem toten Buchstaben Leben einhauchen. Er soll Mündigkeit und Freiheit des Einzelnen provozieren.

1.2 Ängste

Angst als (ein) Ursprung von Religion

Jeder Mensch hat irgendwann in seinem Leben Angst. Vielleicht ist er sogar zeitlebens von Angstgefühlen geplagt. SIGMUND FREUD glaubte in der Angst und dem daraus erwachsenden Bedürfnis nach Sicherheit und Geborgenheit den psychischen Ausgangspunkt für religiöse Vorstellungen zu erkennen. Der Mensch, so sagte er, sieht sich in dieser Welt vielfachen Bedrohungen ausgesetzt, die ihn wie ein Netz umspannt halten und denen er nicht zu entrinnen vermag. Er hat Angst vor dem Morgen, vor der Zukunft, vor dem, was auf ihn zukommt, vor dem, was in ihm selbst steckt und in seinen Mitmenschen. Er fühlt sich ohnmächtig und hilflos einem ungewissen Schicksal ausgeliefert. In dieser ausweglos scheinenden Situation sieht er sich nach etwas um, das mächtiger ist als er selbst. „Durch das gütige Walten der göttlichen Vorsehung wird die Angst vor den Gefahren des Lebens beschwichtigt."[8]

Sicher ist die Daseinsangst nicht unwesentlich am Zustandekommen jenes Phänomens beteiligt, das wir als „Religion" oder „Religiosität" bezeichnen. Aber sie ist nicht der alleinige Grund für das Aufkommen und Vorhandensein religiöser Vorstellungen – schon gar nicht für das Entstehen von Religion überhaupt. Das lässt sich leicht an jener Religion aufweisen, der FREUD selbst, zumindest formell, zugehörte: dem Judentum. Die stärksten Impulse gehen hier nicht von der Angst aus, sondern von der Erfahrung der Befreiung (Auszug aus Ägypten), vom Erwählungsbewusstsein (insbesondere nach dem Babylonischen Exil) und von der Segensverheißung (Abraham). Typische Inhalte jüdischen Betens sind nicht Bitten und Flehen, in denen Angst durchschimmert, sondern Loben, Danken und Vertrauen.

16

Liturgie als Abwehrmechanismus gegen die Daseinsangst

Ein breites Arsenal für den Aufbau von Abwehrmechanismen gegen die Daseinsangst stellt das Christentum und hier insbesondere der christliche Kult zur Verfügung. Der Ablauf der kultischen Handlung und die dabei zu sprechenden Worte sind genau festgelegt. Die Einschärfung ihrer peniblen Beachtung kann besonders für von Natur aus ängstliche Menschen zu einer Gefahr werden. Weil gerade dieser Personenkreis häufig zu der Vorstellung eines als bedrohend und ängstigend empfundenen Gottes neigt, vermittelt ihnen die genaue Befolgung der Anweisungen ein Gefühl von Schutz und Sicherheit. Sie bietet die Gewähr für einen Gott wohlgefälligen Dienst. Je stärker die Charakterstruktur eines Menschen von jener Grundbefindlichkeit der Angst geprägt ist (auch wenn ihm das zunächst vielleicht gar nicht bewusst wird), desto sorgfältiger wird er darauf bedacht sein, den Kult peinlich genau nach den kirchenamtlichen Vorschriften zu gestalten. Der perfekte Vollzug des Ritus wirkt angstbeschwichtigend. Religiöses Handeln im Kult wird so zum Zwangsritual. Liturgischer Perfektionismus kann Symptom einer versteckten Angstneurose sein.

Denn die genaue Reglementierung und die obendrein angedrohte Strafe für deren Nichtbeachtung können die quälende Unsicherheit aufkommen lassen, ob denn nun auch wirklich alles richtig und den Vorschriften entsprechend vollzogen wurde und ob sich nicht vielleicht doch ein Versäumnis oder ein Fehler in den Ablauf des Rituals eingeschlichen haben. So kann das, was zunächst eine willkommene Angstbeschwichtigung bot, selber wieder Auslösefaktor neuer Ängste werden. Die Kompensation der Angst durch Perfektion ist nicht von Dauer. Sie hilft dem Angstneurotiker nicht aus seinem Konflikt, sondern „treibt ihn im Gegenteil in einen circulus vitiosus, in einen Teufelskreis von Triebversagung und Ersatzbefriedigung hinein, der ihm immer mehr zum engen stickigen Gefängnishof wird. Er mag dann verzweifelt seinen Kopf an die Mauern dieses Gefängnisses schlagen oder sich wie gelähmt niederfallen lassen: Es scheint kein Tor aus diesem sich immer noch mehr verengenden Gefängnishof hinauszuführen."[9]

Unter diesem Aspekt hat SIGMUND FREUD Recht, wenn er von Religion und Religionsausübung als einer Zwangsneurose spricht oder wenn er umgekehrt die Zwangsneurose als das halb komische, halb traurige Zerrbild einer Privatreligion bezeichnet.[10] Diese Feststellung darf um so weniger verwundern, als FREUD in seiner Praxis als Psychoanalytiker und Arzt vornehmlich Menschen begegnete, die von Angstneurosen geplagt wurden. Doch ist auch ihm die Tatsache sehr wohl bewusst, dass es sich hier um eine nur begrenzte Parallelität handeln kann. Während nämlich die Zwangsneurose nur einen einzigen und einförmigen Ritus kennt, bietet die Religion – so FREUD – die größere Mannigfaltigkeit und besitzt obendrein Öffentlichkeitscharakter.[11]

Durchgängiges Kennzeichen einer Neurose als Symptom eines psychischen, nicht verarbeiteten Konfliktes ist die Tatsache, dass der Neurotiker keine Auskunft über Sinn und Zweck seines neurotischen Tuns geben kann. Ein von Platzangst Befallener kann nicht sagen, warum er darunter leidet; er wird allenfalls Erklärungsversuche abgeben („weil ich Angst habe, von einem Auto überfahren zu werden"), die aber eine solche gänzlich aus dem Rahmen der sonst üblichen Reaktionsweisen fallende Haltung nicht überzeugend zu begründen vermögen. SIGMUND FREUD vertritt die Ansicht, dass der einzelne Gläubige erst dann mit dem (Zwangs-)Neurotiker zu vergleichen ist, wenn er nicht mehr nach dem Sinn und der Bedeutung der religiösen Handlung fragt.[12]

Der Zwangsneurotiker kennt jeweils nur „einen einzigen und einförmigen Ritus". Die in der katholischen Kirche leider noch immer anzutreffende Praxis, zu den unterschiedlichsten liturgischen Anlässen „eine Messe zu lesen", also „einen einzigen und einförmigen Ritus" zu praktizieren, kann zumindest für Außenstehende den Anschein eines Zwangsrituals erwecken: Kindermesse, Jugendmesse, Gruppenmesse, Messe zur Fahnenweihe, Messe im Zirkuszelt und im Flugzeug, auf dem Schiff und auf Berggipfeln, Messe beim Feuerwehrfest und beim Trachtenumzug, Messe mit Künstlern am Aschermittwoch und mit Bergarbeitern unter Tage usw. Muss man hier wirklich immer gleich jene Form der Liturgie in Anspruch nehmen, die in der Liturgiekonstitution des Zweiten Vatikanischen Konzils (1962–65) bezeichnet wird als „Höhepunkt, dem das Tun der Kirche zustrebt, und als Quelle, aus der all ihre Kraft strömt"?[13] Steckt in dieser Häufung von „Messfeiern", die ja zugleich eine Einschränkung der vielfältigen Möglichkeit liturgischen Handelns darstellt, die unausgesprochene Befürchtung, dass eine weniger bedeutsame religiöse Zeremonie die verborgenen Ängste vor Gott nicht hinreichend zu beschwichtigen vermag? Dass die erhoffte Wirkung der Angstminderung nur dann erreicht werden kann, wenn ein dem äußeren Ablauf nach weitgehend bekanntes, dem letzten und tiefsten Verständnis aber meist ebenso weitgehend entzogenes Ritual angewendet wird? Wortgottesdienste finden bei der Mehrzahl der Gläubigen nur geringen Anklang (es sei denn die so genannten „Bußfeiern" – aber da sprechen andere Gründe mit), weil in ihnen zu stark Intellekt und Verstand angesprochen werden. Angst aber, existentielle Angst, lässt sich mit Rationalität kaum bewältigen. Eher erscheint dazu ein Ritual geeignet, das sich mit dem Schleier des Irrationalen umgibt, das den Charakter des Geheimnisvollen, des Nicht-restlos-Verstehbaren und Numinosen trägt.

Angsterzeugung zur Angstbeschwichtigung

In seinem Buch „Haben oder Sein" weist ERICH FROMM darauf hin, dass ein am Haben orientierter Mensch seine Identität gewinnt, indem er Objekte erwirbt. Solche Objekte sind nicht nur materielle Dinge wie Nahrung, Kleidung, Geld und Wertgegenstände; zu diesen Objekten gehören auch Menschen (Freunde, Familie, Kinder), über die man glaubt verfügen zu können. Auch Werte und Tugenden können zum Besitz werden (Ansehen, Ehre), ebenso wie weltanschauliche, politische und religiöse Überzeugungen. „Das Subjekt bin nicht ich, sondern ich bin, was ich habe. Mein Eigentum konstituiert mich und meine Identität."[14] Dass auch die religiöse Praxis zum Objekt des Habens werden kann, zeigt schon das bekannte Gleichnis vom Pharisäer und vom Zöllner (vgl. Lukas 18,9–14). Der eine hat „etwas", das er Gott vorzeigen kann: sein Fasten und sein Almosengeben. Und darum fühlt er sich überlegen, darum dankt er Gott, dass er nicht ist wie „die übrigen Menschen". Das Wissen, etwas zu haben und zu besitzen, was anderen nicht beschieden ist und was diese entbehren müssen, gibt ein Gefühl der Überlegenheit. „Hast du was, dann bist du was." Die Größe des Besitzes vergrößert auch die Bedeutung der Person.

Verliert nun ein am Haben-Denken orientierter Mensch seine Objekte, so geht damit auch seine Identität verloren. So muss er ständig in Angst vor ihrem Verlust leben, muss fortwährend Angst haben vor Räubern, vor Krankheiten, vor wirtschaftlichen Veränderungen. Aber auch persönliche Veränderungen muss er fürchten: neue Umgebung, Unbekanntes, Freiheit. Die Angst treibt ihn dazu, jenen selbst Angst einzujagen, von denen er sich bedroht fühlt – zu Recht oder zu Unrecht, vermeintlich oder wirklich.

Liegt vielleicht hierin einer der Gründe, weshalb auch im Christentum und hier wieder vor allem seitens der kirchlichen Hierarchie so gern und so häufig mit der Angst operiert wurde? Kirchliche Autoritäten verstanden sich bestens auf das Geschäft mit der Angst und trugen damit Schuld am Zustandekommen von Angstneurosen. So stellte sich bis in die Gegenwart hinein die herkömmliche Moraltheologie – und hier insbesondere die kirchliche Sexualmoral – weitgehend als Sündenlehre dar. Ein Hauptargument für Keuschheit und sittliches Leben war das Argument der Angst: Angst vor dem allwissenden Gott, Angst vor dem Gericht, Angst vor der drohenden Höllenstrafe. Eigene Ängste wurden auf „höhere Werte und Ordnungen" und letztlich auf einen „allwissenden" Gott projiziert. Moralisches Handeln und Gottesglaube sollten mit dem Mittel der Angsterzeugung erzwungen werden. Gleichzeitig bot „Mutter Kirche" sich an, diese Ängste wieder wegzunehmen oder zumindest nachträglich zu beschwichtigen. Ein und dieselbe Institution erzeugte Angst und beschwichtigte sie wieder.

Angsterzeugung ruft zwangsläufig Hassgefühle hervor; Angstbeschwichtigung bewirkt Gefühle der Zuneigung und Liebe. Das angsterzeugende Gebaren kirchlicher Autoritäten ist dazu geeignet, gerade in psychisch schwachen Menschen die Daseinsangst zu steigern. Übersteigerte Angst produziert häufig Aggressionen und feindselige Regungen. Da diese Hass- und Aggressionsgefühle sich aber gegen eine „gottgewollte" Obrigkeit, die Kirche, wenden, können sie nicht zugelassen werden. Denn letztlich hieße das, gegen Gott zu rebellieren. Und das ist ein schlimmer Frevel. Die Gefühle müssen daher verdrängt oder ins Gegenteil gewendet werden. So wird aus Hass Liebe, aus Angst *vor* der Autorität wird Angst *um* die Autorität. Die verborgenen Aggressionen schlagen um in überschwängliche Anhänglichkeit und fanatische Zuwendung. Diese Umkehr ins Gegenteil aufgrund der Ambivalenz der Gefühle wird wohl in den seltensten Fällen dem davon Betroffenen bewusst werden, weil er sich ja gerade wegen der besonderen Situation, in der er sich befindet, instinktiv solcher Einsicht verschließt, ja verschließen muss.

Nun beobachten wir gegenwärtig in der Kirche eine interessante Entwicklung. Die kirchlichen Autoritäten sind ernsthaft darum bemüht, keine unnötigen Ängste mehr in den Gläubigen zu erzeugen. Kein ernst zu nehmender Bischof oder Theologe droht heute noch mit dem Höllenfeuer. In den Augen traditionalistisch und integralistisch eingestellter Kirchenglieder erscheint solche Zurückhaltung als Zögern und Zaudern. Sie werfen den kirchlichen Autoritäten zuviel Geduld mit Aufweichlern und Abweichlern vor. Der scheinbare Mangel an hierarchischer Führung lässt sie irre werden. SIGMUND FREUD hat treffend auf diesen Sachverhalt hingewiesen: „Kirche und Heer sind künstliche Massen, das heißt, es wird ein gewisser äußerer Zwang aufgewendet, um sie vor Auflösung zu bewahren und Veränderungen in ihrer Struktur hintanzuhalten. Panik entsteht, wenn eine solche Masse sich zersetzt [...] Die gegenseitigen Bindungen haben aufgehört, und eine riesengroße, sinnlose Angst wird frei. Der Verlust des Führers in irgendeinem Sinne, das Irrewerden an ihm, bringt die Panik zum Ausbruch."[15]

Kirchliche Autoritäten sind nicht mehr das, was sie früher waren. Darum werden Menschen irritiert, die es bisher gewohnt waren, von ihnen durch die Anwendung eines „gewissen äußeren Zwanges" bei der Stange gehalten zu werden, und die sich unter diesem Druck infolge ihrer mangelnden Persönlichkeitsreife nicht unwohl fühlten, weil er ihnen die eigene Verantwortung abnahm und ihnen Ruhe und Sicherheit gewährte. Sie haben ihren „Führer" verloren, dem sie blindlings vertrauten und der ihnen bis ins kleinste Detail vorschrieb, was sie zu tun und zu lassen hatten. Das ist nun anders geworden. Die pastorale Praxis arbeitet nicht mehr mit der Angst als ethischem Motiv. Die „Gemeinsame Synode der Bistümer in der Bundesrepublik Deutschland" hat dieser Art von Verkündigung eine – hoffentlich bleibende – Absage erteilt: „Unsere christliche Predigt von der Umkehr muss immer der Versuchung widerstehen, Menschen durch Angst zu entmündigen."[16]

Solches Vorgehen bedeutet dann aber, dass Aggressionen wie die oben geschilderten nicht mehr in dem Maße aufgebaut werden (können), wie das früher der Fall gewesen ist. Hassgefühle gegen die kirchliche Obrigkeit werden kaum noch produziert. Mehr und mehr treten Gleichgültigkeit und Resignation an die Stelle der Emotion: „Sollen die da oben machen, was sie wollen; mir ist das egal." Damit tritt aber auch die Verkehrung ins Gegenteil weniger häufig auf: Hass schlägt nicht mehr so verbreitet in Liebe um. Das Resultat ist – das mag zunächst einmal als Hypothese aufgestellt werden – ein Zurückgehen jener übertriebenen Anhänglichkeit an kirchliche Autoritäten, wie das in früheren Zeiten häufig zu beobachten war. Die Beziehungen zwischen Hierarchie und Laien, zwischen der Spitze und der Basis, werden kühler und sachlicher.

Ein solches Nachlassen emotionaler Kirchlichkeit mag zunächst als Mangel betrachtet werden. Wenn man sich aber vergegenwärtigt, mit welchen Mitteln diese emotionale Kirchlichkeit erzeugt wurde, dann braucht man über diese Entwicklung nicht traurig zu sein. Denn sie leitet eine Phase ein, die das strenge Schema von Ordnung und Unterordnung, von Befehl und Gehorsam in der Kirche aufbricht. Statt dessen führt sie eher zu jenem Geist der Brüderlichkeit und des Miteinander, der die Urkirche geprägt hat und der letztlich das Vermächtnis Jesu bedeutet.

Ur-Angst und Reife

Freilich – die Angst wird bleiben. Aber es ist eine andere Angst. Nicht die künstlich erzeugte, pervertierte Angst derer „unten" vor denen „oben", die Angst der Untergeordneten vor den Übergeordneten, die Angst der Untergebenen vor den Herrschenden. Sondern es ist die gemeinsame Angst aller vor dem Wagnis des Weges auf jenes Geheimnis zu, das wir Gott nennen und das uns trotz aller Offenbarung immer wieder vor neue Rätsel und Probleme stellt. Jede Entwicklung, jeder Reifeschritt ist mit Angst verbunden. Denn er führt in etwas Neues, bisher nicht Gekanntes und Gekonntes, in innere und äußere Situationen, die noch nicht erlebt wurden. Alles Neue, Unbekannte enthält neben dem Reiz des Neuen und der Freude am Risiko auch die Angst. Angst gehört zur menschlichen Existenz. Sie ist einer jener Faktoren, die menschliches Leben überhaupt erst ermöglichen. Ein gesundes Maß von Angst mobilisiert Kräfte, weckt Entdeckungsfreude, spornt zu Leistungen an, mahnt zur Vorsicht und damit zum Schutz des eigenen Lebens und des Lebens anderer. Eine gewisse Portion von Angst gegenüber wirklich oder vermeintlich drohenden Gefahren ist für den Aufbau einer wirksamen Abwehr nötig, um mit den kommenden Entbehrungen und Gefahren fertig werden zu können.

Angst kann nicht gänzlich genommen, aber sie kann bewältigt werden. Der Mensch empfindet Angst zwar meist als etwas Irrationales (im Gegensatz zur Furcht, die sich an sehr konkreten Objekten festmacht). Die unbegreifliche und unbegriffene Angst kann für ihn auch zu einem rätselhaften Signal werden, das ihm deutlich macht: Etwas ist nicht, wie es eigentlich sein sollte. Das Gefühl der Enge und der Beengung des Lebens setzt ein wenigstens anfanghaftes Wissen und Ahnen um die mögliche Weite und Erweiterung eben dieses Lebens voraus. Damit Angst als Angst überhaupt erfahren werden kann, bedarf es eines ursprünglichen Wissens um die Nicht-Angst, um das Gegenteil von Angst, des Wissens also um eine mögliche letzte Geborgenheit, letzte Zuversicht, letzte Sicherheit. Für die Bewältigung dieser Ur-Angst kann die Religion und insbesondere das Christentum eine sehr wichtige Rolle spielen.

Psychisch gesunder christlicher Glaube lebt aus dem Vertrauen, dass hinter dem bedrohlichen Chaos eine letzte und gültige Ordnung herrscht, dass über alle Schuld hinweg uns die Hand zur Versöhnung gereicht wird, dass die uns ängstigende Isolierung und vor allem die Enge des Todes aufgebrochen ist durch jenen Mann aus Nazaret, der von Gott auferweckt wurde in die Weite des neuen Lebens. Wenn ERICH FROMM als die „Quelle jeder Angst das Erlebnis der Getrenntheit, der Abgesondertheit und der Einsamkeit" nennt[17], so ist gerade die christliche Botschaft von der Aufhebung dieser Vereinzelung in der Gemeinschaft der Kirche und – letztlich – in der Gemeinschaft mit Gott ein wirksames Wort zur Bewältigung der Existenzangst.

Angst kann nur im Vertrauen auf eine Zukunft bewältigt werden, die zwar noch ungewiss und dunkel ist, die aber doch erhofft wird als ein „Etwas", was das menschliche Leben erweitert, entfaltet und vollendet. Dieses anfanghafte Wissen und Vertrauen um das noch ausstehende „Mehr" kann sich darum gerade nicht mit dem Vordergründigen und Vorläufigen begnügen, auch nicht mit vordergründiger und vorläufiger Freiheit von Angst und mit der trügerischen Hoffnung, schon jetzt Sicherheit und Ruhe in der Kirche erlangen zu können. Menschliche Daseinsangst ist ein Symptom dafür, dass die letzte Vollendung des Daseins möglich ist, aber noch aussteht.

In seinem Beitrag über „die Angst in der Kirche aus der Sicht des Tiefenpsychologen" kommt RUDOLF AFFEMANN zu dem paradox erscheinenden Schluss: „Es klingt sonderbar, fast absurd, und für einen, der Angst hat, ist es beinahe eine Zumutung, ihm dies zu sagen; dennoch ist es richtig: Wir haben Anlass zur Freude und zum Dank wegen der neuen Angst in der Kirche. Denn diese Angst zeigt an, dass die Kirche dabei ist, die Sicherungen der Vergangenheit aufzugeben und sich den Ungewissheiten der Zukunft zu öffnen. Wenn die Kirche diese Angst hat, so bestätigt ihr die Angst, dass sich die Kirche auf dem richtigen Weg befindet."[18]

1.3 Sexualität

Vor knapp hundert Jahren hat FRIEDRICH WILHELM NIETZSCHE die Rolle des Christentums für die Wertung menschlicher Sexualität mit den Worten umschrieben: „Das Christentum gab dem Eros Gift zu trinken. Er starb zwar nicht, aber er entartete zum Laster!" Inzwischen wurden derartige Vorwürfe von verschiedensten Seiten erhoben. Es fragt sich allerdings, ob man einem richtig verstandenen christlichen Glauben tatsächlich solche Vorwürfe machen kann. Denn es ist eine nicht zu leugnende Tatsache, dass auch andere kulturbedingte Einflüsse eine wichtige oder gar entscheidende Rolle spielen, die zwar „im Namen des Christentums" vorgetragen und verbreitet wurden, aber keineswegs originär christliches Glaubensgut darstellen. Auch die römische „Erklärung zu einigen Fragen der Sexualethik" vom 29. 12. 1975 räumt dem Traditionsargument einen besonderen Stellenwert ein: „Die Kirche hat im ganzen Verlauf ihrer Geschichte bestimmten Vorschriften des Naturgesetzes immer eine absolute und unveränderliche Geltung zuerkannt und in ihrer Übertretung einen Widerspruch zur Lehre und zum Geist des Evangeliums gesehen" (Nr. 4). Zu nennen sind hier griechisch-dualistische Einflüsse, Fehlinterpretation der biblischen Begriffe „Fleisch" und „Geist" bzw. „Seele" sowie manichäische Vorstellungen, die zu einer Minderbewertung des Leiblichen und des Geschlechtlichen führen. Alttestamentlich-kultische Reinheitsvorschriften wurden zu sittlich-moralischen Vorschriften umgedeutet. Alle Sünden gegen das sechste Gebot wurden als Todsünden gewertet, voreheliches und außereheliches Sexualverhalten wurde weitgehend negativ beurteilt.

Zu welch absurden Ansichten eine derartige Sicht der Sexualität sich verstieg, soll an einigen Beispielen aus Schriften der letzten hundert Jahre verdeutlicht werden, die erheiternd zu lesen wären, wenn es nicht gleichzeitig zum Weinen wäre beim Gedanken an den Schaden, der damit bei vielen Gläubigen angerichtet wurde. Das gilt vor allem für die Schriften von ADOLF VON DOSS SJ (Gedanken und Ratschläge 1861, ^{29}1924), ALBAN STOLZ (Erziehungskunst 1873, ^{8}1911, Volksausgabe 1929), HARDY SCHILGEN SJ (Du und Sie 1924, im 45. Tausend 1929), die bis in die Mitte des 20. Jahrhunderts hinein im katholischen Milieu viel gelesen und weit verbreitet waren. Hier wird regelrecht antisexuelle Propaganda betrieben.

Bis ins letzte Jahrhundert hinein gab es keine eigentliche Sexualmoral, sondern nur eine Ehe- bzw. Familienmoral. Der Vollzug sexueller Beziehungen wird ausschließlich an die auf Dauer geschlossene Einehe geknüpft. Dabei richtet sich der Blick vornehmlich auf die Ehe als Familie bzw. auf das generative Element der Ehe. Über Jahrhunderte hin besteht die vorherrschende kirchliche Lehrmeinung darin, dass als einziger Zweck der ehelichen geschlechtlichen Vereinigung die Zeugung von Nachkommenschaft angesehen wird. Man wertet die Geschlechtlichkeit des Menschen funktional – die Geschlechtsorgane sind mehr oder weniger nur „Zeugungswerkzeuge". Dementsprechend wird auch die eheliche Intimbegegnung, die nicht die Zeugung von Nachkommenschaft zum Ziele hat, als etwas in sich Verabscheuungswürdiges, als Verstoß gegen das Wesen der Ehe, abgelehnt. ALBAN STOLZ bringt die Theorie in den Satz: „Auch schon die beliebige und zwecklose Befriedigung der Geschlechtslust, wie es wohl bei den meisten Eheleuten stattfindet, erzeugt eine Art Bedürfnis, das leicht den Geist herabzieht und der niedrigsten Lust dienstbar macht."[19]

Konsequent wird der „Leib" dargestellt als finster, willenlos, triebhaft, unrein; der „Geist" ist heiter, liebevoll, durchdrungen von hohen Idealen und wissend um Würde, Ehrfurcht und Achtung. „Der menschliche Leib ist infolge der Erbsünde höchst anmaßlich; er ist nicht wie das Tier in allweg durch den Instinkt geleitet, er begehrt sinnlichen Genuss um jeden Preis, ohne Rücksicht auf eigene Erhaltung und noch weniger auf sittliche Gesetze, und treibt den Menschen, der seinen sinnlichen Genüssen vollständig die Zügel schießen lässt, in das Spital oder Zuchthaus oder Irrenhaus, meistens aber in den vorzeitigen Tod. Der Leib ist deshalb ein höchst gefährlicher Gefährte der Geistesnatur. Anderseits hat er aber mehr Biegsamkeit und Bildsamkeit als irgendein animalisches Wesen: Er kann bestialisch werden und auch die Seele herabziehen, dass sie seine gehorsame Dienerin wird, oder der Leib kann ein edles, würdiges Werkzeug für den gottähnlichen Geist werden."[20] Die Schönheit des Leibes ist verdächtig. Wenn er sich „rührt", dann ist das eine „unreine Lust", eine „Tierlust". Die Leidenschaft ist etwas Schlechtes, sie gilt als „sinnlich, selbstsüchtig."[21]

Ein Haupt-„Argument" für Keuschheit und sittliches Leben war das Geschäft mit der Angst: Angst vor dem allwissenden Gott, vor der Hölle, vor dem Gericht, vor dem unehelichen Kind, vor Alimenten, vor Geschlechtskrankheiten. Einen Höhepunkt derartiger Indoktrination stellt jener Abschnitt bei ALBAN STOLZ dar, in dem er die Erscheinungen nennt, die bei einem Jugendlichen auf die Sünde der „Selbstbefleckung" hinweisen: „Verdacht erwecken muss: bleiches Gesicht, schneller Wechsel der Gesichtsfarbe, häufige Blätterchen im Gesicht, blaue Ringe um die Augen, abgestandene Haut und tief liegende Augen, stierer Blick, übelriechender Atem, verdächtige Haltung des Leibes und der Hände z. B. oft die Hände unter der Schulbank haben, eigentümlich sitzen. Ferner muss Verdacht erwecken, wenn ein Kind bisweilen besonders lang auf dem Abtritt verweilt, unwillkürlich den Blick auf Personen des anderen Geschlechtes richtet, und zwar nicht auf das Gesicht derselben, sondern auf andere Teile des Leibes. Ferner zeigt sich bei solchen Kindern auffallende Zerstreutheit, leichtes Erschrecken, trübe Laune, Düsterheit, Teilnahmslosigkeit an den Spielen der Kinder […] Eine merkwürdige Erscheinung zeigt sich bei solchen Personen, welche jahrelang während des Wachstums jenem Laster ergeben waren. Viele bekommen nämlich auffallende Gesichtsähnlichkeit mit Affen, selbst wenn sie als jüngere Kinder ganz hübsche Gesichtsbildungen hatten, wie ihre unverdorbenen Geschwister jetzt noch haben mögen. Nun aber ist der Affe das einzige Tier, bei welchem jene Abscheulichkeit vorkommt. Es mag einem überwiesenen oder geständigen Sünder dieses zur Abschreckung gesagt werden."[22]

Dass auch Turnen, Tanzen und Schwimmen verdächtigt werden, der als unrein und unheilvoll bezeichneten geschlechtlichen Lust zu dienen, darf kaum noch verwundern. Auch hier soll wieder ALBAN STOLZ zu Wort kommen: „Es scheint mir auch die Behauptung, wie sehr das Baden zur Gesundheit gehöre, ein besinnungslos hingenommenes Vorurteil zu sein. Der Mensch ist keine Ente und kann ungebadet gesund und lang leben, wie allenthalben zu sehen ist, wo kein Wasser zu finden ist, das zum Baden tief genug wäre. Desgleichen badet auch das weibliche Geschlecht geringerer Stände fast niemals, ohne deshalb früher zu sterben als Mannsleute, die viel auf das Baden halten."[23]

Christliche Erziehung hat nach ALBAN STOLZ den Kindern einzuschärfen, „von jeder Nacktheit oder sonst unanständigen Erscheinungen sogleich die Augen abzuwenden. Es gibt wegen Armut oder Überfüllung der Wohnung Ungehörigkeiten, wonach Kinder in Kammern schlafen, wo auch Erwachsene ihre Schlafstätte haben und aus sittlicher Rohheit die Anwesenheit der Kinder wenig berücksichtigen. Hier ist namentlich notwendig, dass die Kinder in Bewachung der Augen sehr gewissenhaft gemacht werden. Insbesondere sind auch Kinder, die zum Viehhüten verwendet werden, zu warnen, dass sie den Blick abwenden von ungeziemlichen Dingen. Auch dem Tanz zusehen kann den Kindern gefährliche Vorstellungen zuführen, in der Stadt wegen der üblichen Schamlosigkeit in der Kleidung, auf dem Land wegen des ungezogenen, frechen Gebarens des angetrunkenen ledigen Volkes beiderlei Geschlechtes."[24]

Die Beispiele sollen genügen. Inzwischen hat sich, zumindest in der katholischen Kirche Deutschlands, eine andere Wertung menschlicher Sexualität durchgesetzt. Das zeigt ein von der „Gemeinsamen Synode der Bistümer in der Bundesrepublik Deutschland" am 3. 11. 1973 erstelltes Arbeitspapier mit dem Titel „Sinn und Gestaltung menschlicher Sexualität". Darin wird gleich am Anfang freimütig zugegeben, dass innerhalb der Kirche bisher eine „überwiegend negative, mindestens aber skeptische Bewertung der Sexualität" geherrscht habe, die nun „durch eine positivere Sicht abgelöst" werde. „Mangels konkreter Offenbarungsaussagen zu den Fragen des Sexualverhaltens stützte sich die Kirche in ihren lehr- und hirtenamtlichen Äußerungen zu diesem Bereich auf naturphilosophische und metaphysische Voraussetzungen, die heute zum Teil nicht mehr als gültig angesehen werden".[25] Die Synode verlangt, dass „sachgerechte Aussagen über den Sinn der menschlichen Sexualität [...] nur gemacht werden, wenn das Phänomen Sexualität in seiner ganzen Vielschichtigkeit berücksichtigt wird". Dazu gehört vor allem die Hereinnahme biologischer, tiefenpsychologischer und sozial-kultureller Aspekte.[26] In diesem Zusammenhang wird eine neue Orientierung des Sexualverhaltens gefordert. Es soll nicht mehr vorwiegend zeugungsbezogen und ausschließlich oder doch überwiegend auf die Erfüllung der sozialen Funktion der menschlichen Sexualität gerichtet sein, sondern vor allem auch den hohen Wert partnerschaftlicher Beziehungen berücksichtigen.[27] Zwar bietet das Neue Testament „seiner ganzen Eigenart nach kein geschlossenes ethisches System zur Beurteilung aller Einzelfragen. Es zeigt aber auf, dass die geschlechtliche Vereinigung, soll sie innerlich gut sein, nach dem Willen des Schöpfers eine gegenseitige Hingabe fordert, die unwiderruflich ist."[28]

Als „legitimer Ort" für die volle sexuelle Gemeinschaft von Mann und Frau gilt nach wie vor die *Ehe*. Das Arbeitspapier weist darauf hin, dass die Ausdrucksformen der Sexualität dabei sehr mannigfaltig sind und sein können. „Die Eheleute sollten die ihnen entsprechenden Formen suchen, die ihrer konkreten Lebenssituation und ihrer körperlichen und seelischen Befindlichkeit angemessen sind [...] (Dabei) können alle jene Handlungen als gut und richtig angesehen werden, die der Eigenart der beiden Partner entsprechen und in gegenseitiger Achtung, Rücksichtnahme und Liebe geschehen."[29]

Die *voreheliche Sexualität* wird sehr behutsam und differenziert besprochen. Zunächst betont das Arbeitspapier, dass es „im Vorraum der vollen sexuellen Gemeinschaft ein breites Spektrum sexueller Beziehungen unterschiedlicher Intensität und Ausdrucksformen (gibt), auch eine Stufenleiter der Zärtlichkeiten. Diese Beziehungen können als gut und richtig gelten, solange sie Ausdruck der Vorläufigkeit sind und nicht intensiver gestaltet werden, als es dem Grad der zwischen den Partnern bestehenden personalen Bindung und der daraus resultierenden Vertrautheit entspricht [...] So wenig der Meinung zugestimmt werden kann, volle sexuelle Beziehungen vor der Ehe seien selbstverständlich oder sogar unbedingt notwendig, sowenig wird eine undifferenzierte, pauschale Verurteilung bestehender vorehelicher sexueller Beziehungen den betreffenden Menschen in ihrem Verhalten gerecht. Es ist offensichtlich, dass der wahllose Geschlechtsverkehr mit beliebigen Partnern anders zu bewerten ist, als intime Beziehungen im Rahmen eines Liebesverhältnisses oder intime Beziehungen zwischen Partnern, die einander lieben und zu einer Dauerbindung entschlossen sind, sich aber aus als schwerwiegend empfundenen Gründen an der Eheschließung noch gehindert sehen."[30]

Allerdings sei es, so das Arbeitspapier, „nicht zu verantworten", ein Kind zu zeugen, „dem man seine Rechte nicht erfüllen und dem man die Voraussetzung für eine gedeihliche Entwicklung nicht schaffen kann". Sollte es doch zu einer außerehelichen Empfängnis und Geburt kommen, „fällt mit der Annahme des Kindes eine positive sittliche Entscheidung, die Achtung und Hilfe verdient".[31]

Im Hinblick auf die *Sexualität der Nichtverheirateten* wird die Frage aufgeworfen, ob es sich bei intimen Beziehungen, wenn sie auf Dauer und Ausschließlichkeit angelegt sind, „nicht um eine moderne Form der geheimen (‚klandestinen') Ehe handelt. Bei der Bewertung solcher Beziehungen muss freilich auch gefragt werden, ob eine Eheschließung wirklich unmöglich ist."[32]

Zur Problematik der *Homosexualität* empfiehlt das Arbeitspapier eine „sachgerechte, differenzierte Beurteilung ihrer Neigung und ihres Verhaltens", denn „die Frage nach den Ursachen der Homosexualität ist bis heute noch nicht voll geklärt [...] Eine ganzheitliche Deutung der Homosexualität muss davon ausgehen, dass die gleichgeschlechtliche Zuneigung in der Regel das Resultat einer bestimmten inneren Konstitution, einer äußeren Situation und einer persönlich Stellung nehmenden Position des betroffenen Menschen ist."[33] Das Papier empfiehlt, deutlich zwischen der gleichgeschlechtlichen Zuneigung des Homosexuellen und seinem Verhalten zu unterscheiden und das Verhalten nicht von der Person isoliert zu bewerten. „Ziel der Selbstwerdung eines Homosexuellen sollte nicht die Verdrängung seiner Sexualität sein, sondern eine sinnvolle Gestaltung der sexuellen Kräfte (Sublimierung) [...] Dabei könnten die Energien der Homosexualität von einer gleichgesinnten Freundschaft in Dienst genommen und von ihr humanisiert und personalisiert werden. Dies könnte eine Hilfe gegen die Gefährdung durch Promiskuität sein. Der Mensch, der seine gleichgeschlechtliche Zuneigung personalisiert, versucht die Triebe in die Gesamtperson einzugliedern und sie in den Dienst seiner Persönlichkeitsentfaltung zu stellen."[34]

Das Arbeitspapier zeigt insgesamt einen richtigen Weg. Aufgabe künftiger kirchlicher Sexualethik wird es sein, die Fehlformen einer vergangenen, vorwiegend negativen Ideologie und einer übertriebenen Kasuistik zu überwinden, sich an Grundwerten zu orientieren und dem Einzelnen mehr verantworteten Spielraum für die individuelle Gestalt seiner Sexualität einzuräumen. Als normierende Grundwerte könnten dabei gelten: „Gewissen, Ehrlichkeit, Verantwortung für sich und den anderen, Fähigkeit zur partnerhaften Liebe und daher auch das ‚normativ' zu entwickelnde Gefühl für das, was der Mensch zu seiner Reifung aufgrund seiner einmaligen Entwicklung braucht."[35]

Vieles muss sich die Kirche heute wieder mühsam zum Bewusstsein bringen. Nicht selten muss sie es sich „von draußen" sagen lassen, von der Biologie, der Tiefenpsychologie und der Soziologie. Sie muss die Inhalte ihrer eigenen Botschaft über den Leib und über das Geschlechtliche neu buchstabieren.

Der befreiende Durchbruch des Glaubens ist noch nicht gelungen. Ein Stück unerlöster Unglaube lebt fort. Es braucht seine Zeit – und 2000 Jahre Christentum reichten dafür noch nicht aus –, um es nicht nur zu verkünden, sondern es auch zu leben, dass „die Macht der Finsternis überwunden" ist und wir „in das Reich des Sohnes seiner Liebe versetzt" sind (Kolosser 1,13).

1.4 Sprachbarrieren

Die religiöse Kommunikation in den ersten christlichen Gemeinden knüpfte an gängige Kommunikationsformen der damaligen Kultur an. Inzwischen hat sich die Situation erheblich geändert. Unsere zwischenmenschlichen Verständigungs- und Zeichensysteme haben sich beträchtlich gewandelt. Zudem ist die religiöse (Hoch-)Sprache heute vielfach gar nicht mehr auf Kommunikation und auf Verstehen, sondern auf pure Belehrung und bloßes Repetieren angelegt. Selbst Erwachsene, die nicht hinreichend religiös sozialisiert und mit der kirchlichen Sprachregelung vertraut sind, verstehen die kirchliche Verkündigung kaum noch. Um wie viel mehr stößt kirchliche Sprache auf Unverständnis bei einer Jugend, deren Wortschatz durch den Konsum der Massenmedien und das immer mehr zurückgehende Leseverhalten reduziert ist. Was sagen schon Begriffe wie „Gnade", „Erlösung", „Versöhnung", „Sühne", „Opfer", „Offenbarung" u. a. m., die aus dem heutigen Sprachgebrauch nahezu gänzlich verschwunden sind? Formeln, die in der Dogmatik und der kirchlichen Amtssprache noch immer verwendet und sogar autoritativ eingefordert werden (z. B. der Person-Begriff in der Trinitätstheologie, der Substanz-Begriff in der Eucharistie), haben nicht selten einen Bedeutungswandel durchgemacht und werden darum zwangsläufig falsch verstanden (und deshalb zu Recht als unsinnig abgelehnt). Päpstliche Enzykliken, bischöfliche „Hirten"-Worte und die kunstvoll-gedrechselten, theologisch trotz Reform häufig noch immer überfrachteten Formeln der Liturgie stoßen auf Unverständnis. Man kann mit ihnen nichts mehr anfangen und hört darum meist gar nicht mehr hin.

Die Ausdrucksformen des Glaubens, seine Zeichenhandlungen und seine Sprache, haben ihre kommunikative Kraft und Selbstverständlichkeit verloren, die sie früher einmal besaßen. Die religiöse Sprache ist zu einer Sondersprache geworden, die selbst von

33

Kirchengliedern nicht mehr gesprochen und vielfach wohl auch nicht mehr verstanden wird. Diese Sprache verbindet und integriert nicht mehr. Im Gegenteil: Sie grenzt aus. Wer eine Sprache, die gesprochen wird, nicht versteht, fühlt sich ausgeschlossen, nicht dazugehörig. Er wird sich desinteressiert abwenden. Religiöse Sondersprache signalisiert den Marsch ins Getto, den Rückzug in die Welt der Unverbindlichkeiten und der inhaltsleeren Sprechblasen.

Und sie führt zu Missverständnissen. Wenn ein Mensch, der in der religiösen Sprache beheimatet ist, einem anderen, nicht religiös sozialisierten Mitmenschen etwas über seinen Glauben erzählen will, kann es vorkommen, dass der etwas gänzlich anderes versteht, weil beide in unterschiedlichen, individuell bestimmten Sprachwirklichkeiten leben. So kann „neu geboren" in der religiösen Sondersprache selbst von manchen Kirchengliedern als Bestätigung ihres Glaubens an die Reinkarnation ausgelegt werden, obwohl damit nach offizieller kirchlicher Sprachregelung etwas ganz anderes gemeint ist. Und mit dem Wort „Liebe" verbindet ein junger Erwachsener andere Vorstellungen als ein etablierter Theologe. Die Sprachwissenschaft spricht hier von „De-notat" und „Kon-notat". Beim Denotat ist die Sachlage eindeutig und beide Sprachteilnehmer verstehen („notieren") darunter dasselbe. Beim Konnotat versteht der Hörer, häufig unterschwellig und emotional, etwas „mit" (con-), was der Sprecher gar nicht meint, was aber im Hörenden bestimmte Gefühle, Sympathien oder Antipathien, aufkommen und ihn so dem Wort gegenüber voreingenommen werden lässt. Gleiche Wörter täuschen häufig Bedeutungsgleichheit vor. In Wirklichkeit weichen die Begriffe wesentlich voneinander ab oder stehen sogar einander diametral gegenüber.

Die religiöse Sprache zu ändern und dem heutigen Sprachgefühl anzupassen ist nicht leicht. Denn das Dogma, der als verbindlich und authentisch von der kirchlichen Hierarchie fest gelegte Wortlaut, besitzt ein zähes Beharrungsvermögen. „Ewige

Wahrheiten", so meint man in den Amtsstuben der offiziellen Sprachregler in der Kirche, können nicht alle hundert Jahre ihr Gewand, in das sie gekleidet sind, verändern. Häufig sind die Exponenten dieser Sprachsklerose subjektiv redliche und gut meinende Menschen; aber sie sind inzwischen ideologisch fixiert und eingeschüchtert, sodass sie es nicht wagen, nach neuen sprachlichen Ausdrucksformen des Glaubens zu suchen – aus lauter Angst, es könnten ihnen dabei Wortschöpfungen oder Sprachregelungen unterlaufen, sie könnten sich an den geheiligten altehrwürdigen, aber reichlich verstaubten Traditionen versündigen. Auch viele Gläubige, die sehr früh und nachhaltig religiös sozialisiert wurden, möchten das ihnen vertraute und wohlbekannte Vokabular nicht aufgeben, mit dem sie aufgewachsen sind, das ihnen vielleicht über lange Zeit hinweg große Glaubensschwierigkeiten bereitet hat („allmächtiger Gott" z. B.), die sie nun überwunden (zu) haben (meinen). So wird die religiöse Sondersprache gleichsam „von oben" und „von unten" gestützt.

Es wird viel Mühe und Geduld brauchen, bis die Sprache der kirchlichen Verkündigung dem heutigem Sprachempfinden entsprechend angepasst ist. Doch zuerst müssen die dafür Verantwortlichen überhaupt merken und begreifen, dass diese Übersetzungsarbeit unumgänglich notwendig ist.

1.5 Unmündigkeit

Spätestens seit dem 12. Jahrhundert ist die kirchliche Gemeinschaft zweigeteilt: Auf der einen Seite stehen die „Geweihten", die Priester und Bischöfe, auf der anderen die „Laien". Die Kleriker sind gleichsam „Könige". Den Laien ist gestattet, „Güter zu besitzen, zu heiraten, Gaben zum Altar zu bringen und den Zehnten zu entrichten". So steht es im „Decretum" des Kirchenrechtslehrers GRATIAN († um 1150). Und noch mehr als sieben Jahrhunderte später, 1888, formuliert Papst LEO XIII.: „Es gibt in der

Kirche zwei aufgrund ihres Wesens unterschiedene Ordnungen: die Hirten und die Herde, die Oberhäupter und das Volk." Aufgabe der Hirten ist es, die Menschen „zu lehren, zu regieren und ihnen Regeln aufzuerlegen". Die „Herde" hingegen hat die Pflicht, den Hirten „untertan zu sein, ihnen zu gehorchen, ihren Weisungen zu folgen und ihnen Ehre zu erweisen". Auch der „Codex Juris Canonici", das kirchliche Rechtsbuch von 1917, in Geltung bis 1983, war ein Klerusrecht und sah die Nichtkleriker nur als Objekt der Leitung und Belehrung, gleichsam als Kirchenmitglieder minderen Rechts – ein ausgesprochen klerikalistisches Kirchenbild.[36]

Der „Katechismus der katholischen Kirche" (1993) verlangt von den Laien eine „willige Annahme der Lehren und Weisungen, die ihnen ihre Hirten in verschiedenen Formen geben". Ihnen „müssen" sie „religiösen Gehorsam des Willens und des Verstandes [...] leisten". Ihre Pflicht ist es, „die durch die rechtmäßige Autorität der Kirche erlassenen Anordnungen und Vorschriften zu beobachten. Selbst wenn diese disziplinärer Natur sind, erfordern sie Folgsamkeit in Liebe".[37] Von den Theologen wird verlangt, dass sie bei „Spannungen" zwischen Lehramt und Theologie ihre „Schwierigkeiten" den „Lehrautoritäten" vortragen und dass sie „nicht auf die Massenmedien zurückgreifen, sondern vielmehr die verantwortliche Autorität ansprechen". Es wird darauf hingewiesen, „dass die Unterweisung des Lehramtes – dank des göttlichen Beistandes – auch abgesehen von der Argumentation gilt" und dass „schwere Schäden [...] für die Gemeinschaft der Kirche aus jenen Haltungen systematischer Opposition entstehen, die sogar zur Bildung von organisierten Gruppen führen".[38]

Immerhin zitiert der Katechismus, wenn auch im Kleindruck, einen wichtigen Abschnitt aus dem Kirchlichen Rechtsbuch: „Entsprechend ihrem Wesen (was ist hier mit ‚Wesen' gemeint?), ihrer Zuständigkeit und ihrer hervorragenden Stellung haben *alle Gläubigen das Recht und bisweilen sogar die Pflicht, ihre Meinung in dem, was das Wohl der Kirche angeht,* den geistlichen Hirten mitzuteilen und sie unter Wahrung der Unversehrtheit des Glaubens und der Sitten und der Ehrfurcht gegenüber den Hirten und unter Beachtung des allgemeinen Nutzens und der Würde der Personen *den übrigen Gläubigen kundzutun"* (CIC, can 212, §3). 1999 veröffentlichte Papst JOHANNES PAUL II. ein Lehrschreiben mit dem Titel „Zur Verteidigung des Glaubens". Darin verlangt er unter Androhung von Kirchenstrafen, dass auch die nicht-unfehlbaren Glaubens- und Sittenaussagen, sofern sie vom Lehramt als endgültig angesehen werden (z. B. Verweigerung der Zulassung von Frauen zum Priestertum; künstliche Geburtenkontrolle; N. S.), mit der gleichen Verbindlichkeit anerkannt und verkündigt werden müssen wie die unfehlbaren Definitionen der Offenbarungswahrheit. Alle, die in der Kirche ein Amt erhalten sollen (Bischöfe, Pfarrer, Theologieprofessoren z. B.), werden ab dem 1. 9. 2000 verpflichtet, zuerst ein „Glaubensbekenntnis" abzulegen, in dem es u. a. heißt: „Zudem hänge ich mit religiösem Gehorsam des Willens und des Verstandes den Lehren an, die entweder der Römische Pontifex oder das Bischofskollegium aussprechen, wenn sie ihr authentisches Lehramt ausüben, auch wenn sie nicht beabsichtigen, dieselben in einem definitiven Akt zu verkünden."

Damit noch nicht genug: In einem zusätzlichen „Treueid" müssen sie sich verpflichten, „in christlichem Gehorsam zu befolgen, was die geistlichen Hirten als authentische Lehrer und Meister des Glaubens erklären oder als Leiter der Kirche bestimmen".[39]

Als Fazit bleibt: Nach offizieller Lehrmeinung gelten in der römisch-katholischen Kirche nur die Mitglieder des Lehramtes (= Papst und Bischöfe, und auch die nur in eingeschränkter Weise als „Kollektiv") als wirklich mündige Christen. Die Nicht-Kleriker, die „Laien" – und erst recht die Frauen – werden wie Unmündige behandelt.

Bedauerlich ist freilich, dass sich viele mit dieser Behandlung abfinden. Sie mucken nicht auf. Sie lassen sich das alles gefallen.

Sie bestätigen damit das ironische Wort IMMANUEL KANTS (1724–1804): „Es ist so bequem, unmündig zu sein." KANT ruft allerdings zum „Ausgang des Menschen aus seiner selbstverschuldeten Unmündigkeit" auf: „Unmündigkeit ist das Unvermögen, sich seines Verstandes ohne Leitung eines anderen zu bedienen. Selbstverschuldet ist diese Unmündigkeit, wenn die Ursache derselben nicht am Mangel des Verstandes, sondern der Entschließung und des Mutes liegt, sich seiner ohne Leitung eines anderen zu bedienen."[40]

Ein Wegbereiter für die Mündigkeit aller Christen war Papst JOHANNES XXIII. 1962, in der Eröffnungsansprache zu dem von ihm einberufenen Konzil beklagte er, dass früher in der Kirche allzu häufig mit Verurteilungen gearbeitet wurde. „Heute dagegen möchte die Braut Christi lieber das Heilmittel der Barmherzigkeit anwenden, als die Waffe der Strenge erheben. Die Kirche ist davon überzeugt, dass es dem heute Geforderten besser entspricht, wenn sie die Triftigkeit ihrer Lehre nachweist, als wenn sie eine Verurteilung ausspricht. Dies bedeutet nicht, dass es heute nicht an irreführenden Lehren, Meinungen und gefährlichen Schlagworten fehlen würde, vor denen man sich hüten und die man ablehnen muss. Aber sie stehen so deutlich im Gegensatz zur geforderten Norm rechten Verhaltens und haben so verhängnisvolle Folgen gezeitigt, dass es den Menschen von heute von selber klar wird, dass sie zu verurteilen sind."[41]

Auf Dauer ist der Kirche mit mündigen Christen mehr gedient als mit unmündigen Ja-Sagern und mit stets zu „kindlichem" Gehorsam bereiten Gläubigen. PAULUS, FRANZ VON ASSISI, KATHARINA VON SIENA, JOHANNES XXIII. – um nur einige zu nennen – waren Querdenker. Wer nur verbietet, ohne sein Verbot hinreichend zu begründen, darf sich nicht wundern, wenn Rückfragen kommen. Einem bloßen Verbot ohne überzeugendes Argument fehlt die moralische Legitimation. Ein gutes Argument hingegen macht ein Verbot weithin überflüssig. Wer dies deutlich sagt, stellt damit die Autorität der Kirche und des Papstes in kei-

ner Weise in Frage. Immerhin verlangt das Zweite Vatikanische
Konzil vom Christen „das Zeugnis eines lebendigen und gereiften
Glaubens, der so weit herangebildet ist, dass er die Schwierigkei-
ten klar zu durchschauen und sie zu überwinden vermag".[42]

1.6 Polarisierungen

Die am Zweiten Vatikanischen Konzil teilnehmenden Bischöfe
hatten sich viel Mühe gegeben, in ihren Beschlüssen solche Aussagen zu finden, in denen alle Beteiligten ihren Glauben zu erkennen vermochten. Das war nur möglich in Form von Kompromis-
sen. Aber diese Kompromisse waren Zeichen dafür, dass die Dia-
logpartner sich in ihrem Anliegen gegenseitig ernst nehmen wollten und dass nicht derjenige, der die Macht hat (Papst, Kurie),
die „Untergebenen" (Bischöfe, gläubiges Volk, „Laien") einfach
entmündigt und zu ohnmächtigem Schweigen verurteilt. Die
Kompromissformeln in den Konzilstexten waren, so problema-
tisch einzelne Formulierungen auch sein mögen, Ausdruck eines
Bewusstseins, dass alle in der Kirche zusammenfinden müssen,
dass nicht nur eine Partei, auch wenn sie die Mehrheit oder die
Macht hat, alleine bestimmen und die Minderheit an den Rand
drängen darf.

In der Zwischenzeit hat sich diese Haltung drastisch geändert.
Jetzt werden Brüderlichkeit oder (wie man heute richtiger und
besser sagt) Geschwisterlichkeit nicht mehr als ein christlicher
Grundwert angesehen. Die Forderung nach einem geschwisterlichen Verhalten erscheint manchen Gruppen in der Kirche
ebenso wie der Ruf nach Freiheit und Gleichheit als Hereinbre-
chen des Liberalismus in die Kirche. Nicht Freiheit, Gleichheit,
Geschwisterlichkeit und vor allem nicht ein Dialog, der mit diesen Prinzipien ernst machen würde, werden von diesen Kreisen
gefordert, sondern Autorität, Ungleichheit, Gehorsam und Unterwerfung. Vertreter dieser Position sind mehr und mehr in Schlüs-

selstellungen gehoben worden (vgl. manche Bischofsernennungen der letzten Zeit). Offenbar soll nur jene „Richtung" in der Kirche zu Einfluss gelangen, die im üblichen Sprachgebrauch dem „rechten Flügel" der Kirche zugerechnet wird. Nur jene Theologen und Kirchenführer scheinen das volle Vertrauen Roms zu genießen, die dem heutigen weltanschaulichen Pluralismus der neuzeitlichen, säkularisierten Gesellschaft ablehnend gegenüberstehen und deswegen das Heil für den Glauben in einer absolut uniformen, jeden tiefer reichenden Pluralismus in der Theologie vermeidenden Kirche sehen.

Dieser Richtung in der Kirche steht die andere Gruppe entgegen. Sie ist mit dieser Tendenz nicht einverstanden, sieht in ihr den Rückzug in eine Mentalität, innerhalb derer zwar alles plausibel sein mag, die aber nach außen hin nicht mehr dialogfähig ist. Diese andere „linke" Gruppierung sieht das Heilmittel nicht im Rückzug ins Getto, sondern im Gespräch und Austausch nach innen und nach außen: im Dialog mit der Welt, mit den Religionen und Weltanschauungen, mit den Wissenschaften und der Kunst, mit allen Richtungen und Gruppierungen innerhalb der Kirche und mit den verschiedenen theologischen Strömungen.

Doch dieser Gruppe bläst derzeit der Wind ins Gesicht. Sie wird von den Entscheidungen in der Kirche mehr und mehr ausgeschlossen. Sie wird vielleicht noch ertragen, geduldet, aber die Weichenstellungen erfolgen ohne sie oder gegen sie. Proteste bewirken kaum etwas, allenfalls das Gegenteil nach dem Motto: „Jetzt zeigen wir's denen erst recht!" Ein Gefühl von Ohnmacht und Resignation greift um sich. Zorn, Misstrauen, antirömischer Affekt und als Ergebnis die Distanzierung von der Kirche machen sich breit. Manche befürchten sogar ein Schisma, eine erneute Kirchenspaltung.

Der Gedanke einer erneuten Kirchenspaltung erscheint freilich paradox. Denn es sind gerade in letzter Zeit erfreuliche Schritte gemacht worden, um das seit der Reformation bestehende abendländische Schisma zu überwinden (z. B. Einigung der Kirchen

über die Rechtfertigungslehre). Eine Vielzahl von Missverständnissen konnte bereinigt werden. Ökumenische Gottesdienste und
Bibelabende sind nahezu in jeder Pfarrei selbstverständlich geworden. Zu aktuellen Themen und Problemen werden immer
häufiger gemeinsame Erklärungen und Stellungnahmen abgege-
ben. Einseitigkeiten wurden aufgearbeitet und zahlreiche Verlautbarungen erstellt, die den gemeinsamen Glauben zum Ausdruck
bringen. Und jetzt, wo die ökumenische Bewegung Früchte zu
tragen beginnt und die Annäherung konkret wird, soll innerhalb
eine neue Spaltung drohen?

Vermutlich wird es dazu nicht kommen. Aber während das
„große abendländische Schisma" der Reformation (fast) überwunden zu sein scheint, erleben wir innerhalb der katholischen
Kirche ein „psychologisches Schisma" (B. HÄRING[43]), eine bisher nie gekannte Polarisierung, ein „Klima der Verketzerung, der
Anfeindung und der Denunziationen, das die noch vorhandenen
Reste an Vertrauen vollends zu zerstören droht" (W. SEIBEL SJ[44]).
Der Münchener Theologe EUGEN BISER, wahrlich kein Vertreter
eines unverantwortlichen Progressismus, spricht von einem „vertikalen Schisma", einer „noch nie dagewesenen Entfremdung"
zwischen Hierarchie und Kirchenvolk.[45]

Alternativen wie „Kirche von oben" – „Kirche von unten",
„Amtskirche" – „Basiskirche", „Hierarchie" – „Volk Gottes",
„die da oben" – „wir hier unten" haben sich im katholischen
Sprachgebrauch festgesetzt. Die Kirchenleitungen haben das Vertrauen vieler Christen und mancher Gemeinden verloren. Nicht
wenige gläubige und kirchentreue Eltern fragen sich: „Wie sollen
wir unseren Kindern, die eben dabei sind, ihre Freiheit zu erpro-
ben, eine Kirche erschließen, die ein abgrundtiefes Misstrauen gegen die Freiheit hat, in der die Angst vor dem Risiko größer ist
als die Bereitschaft zum Wagnis? Wir selber halten schon (noch)
durch; aber unsere Kinder? Ist das der Beitrag meiner Kirche zur
Evangelisierung der Jugend?" Die Stimmung der Resignation hat
auch manche Amtsträger (Pfarrer, selbst Bischöfe) erfasst. Sie ge-

41

ben es nur öffentlich kaum zu. Mancher macht ohnmächtig seine Arbeit weiter, aber er tut es im Zustand der „inneren Kündigung". Dass sein Dienst in der Gemeinde wenig Ausstrahlungskraft ausübt, kann niemanden verwundern.

Bis weit in die Mitte der Gemeinden hinein hat sich eine tiefe Enttäuschung breit gemacht. Alle Warnungen und Proteste verhallen offenbar erfolglos. Man rennt nicht mehr gegen eine Beton-, sondern gegen eine Gummiwand. Zwar treten verhältnismäßig wenige in andere Kirchen über oder verlassen die Kirche ganz. Viele aber distanzieren sich schweigend von ihr, traurig darüber, dass sie hier in einer Hoffnung enttäuscht worden sind. Diese innere Emigration, die statistisch nur schwer fassbar ist und über die man darum leicht hinwegblicken und sich täuschen (lassen) kann, dürfte heute die zentrale und gefährlichste Form des Schismas und der Kirchenspaltung darstellen.

Häufig reagiert die römische Zentrale der Kirche mit Verhärtung und mit Zwangsmaßnahmen. Die jüngste und zugleich bedenklichste solcher Maßnahmen ist der schon erwähnte Treueid („So wahr mir Gott helfe"), der von allen verlangt wird, die ein kirchliches Amt übernehmen sollen. Sie müssen sich dabei verpflichten, bereitwillig und ohne Widerrede alle „offiziellen" päpstlichen Verlautbarungen widerspruchslos zu akzeptieren.

Hier erfolgt eine gefährliche Verwischung der Konturen des Glaubensbekenntnisses. Können wirklich Grundüberzeugungen des christlichen Glaubens in einem Atemzug genannt werden mit den Aussagen päpstlicher Enzykliken? Ist das Credo auf eine Stufe zu stellen mit „Humanae vitae", der „Pillenenzyklika" PAULS VI., mit der von Papst und Glaubenskongregation vehement vertretenen Ablehnung des priesterlichen Dienstes für Frauen und der Laienpredigt? Oder etwa mit der harschen Verurteilung der Religionsfreiheit durch den selig gesprochenen PIUS IX., mit der Verurteilung der Gewissensfreiheit als einer „widersinnigen und irrigen Auffassung bzw. vielmehr Wahns" durch Papst GREGOR XVI. (1832)? Was geschieht, wenn heute oder morgen ein Papst auf die Idee kommt, wieder Derartiges zu behaupten? Bereits 1962 bei der Vorbereitung zur Kirchenkonstitution auf dem Zweiten Vatikanum wurde von den Konzilsvätern die Aufnahme eines Satzes zurückgewiesen, der jede öffentliche Diskussion über bestimmte Lehrmeinungen in Äußerungen des „ordentlichen Lehramtes" des Papstes (also nicht erklärtermaßen „definitiver" = unfehlbarer Aussagen!) ausschließen sollte. Sonst, so die Konzilsväter, könnten bald alle Erklärungen des Papstes auf dieselbe Ebene gestellt werden wie die ausdrücklich „unfehlbaren" Entscheidungen.[46] Genau das geschieht nun aber durch den Zusatz beim neuen „Glaubensbekenntnis".

Ein nicht minder problematisches Zeichen zunehmender Verhärtung bedeutet die Erklärung der Kongregation für die Glaubenslehre „Dominus Jesus – Über die Einzigkeit und die Heilsuniversalität Jesu Christi und der Kirche".[47] Da wird einfach dekretiert: „Es ist zu glauben ... Muss mit Festigkeit festgehalten werden ... Muss fest geglaubt werden ... Die Gläubigen sind angehalten zu bekennen ..." Die Kirchen der Reformation werden zu „kirchlichen Gemeinschaften" degradiert und die Weltreligionen zu „Erfahrungen" und „Einsichten", die entstanden sind aus „Schätzen der Weisheit und der Religiosität ..., die der Mensch auf seiner Suche nach Wahrheit in seiner Beziehung zum Göttlichen und Absoluten ersonnen und verwirklicht hat."

Das Dokument verkündet die Einzigkeit und Einmaligkeit des „Herrn" Jesus: „Es ist [...] *fest zu glauben,* dass Jesus von Nazaret, der Sohn Marias, und *nur* er, der Sohn und das Wort des Vaters ist [...] (Er ist) der *einzige* Erlöser [...] Es gibt nur *eine einzige,* vom einen und dreifaltigen Gott gewollte Heilsordnung." Und die „*ist verwirklicht* in der katholischen Kirche". Das Zweite Vatikanische Konzil hatte ursprünglich die Formulierung geplant: „Die einzige Kirche, die wir im Glaubensbekenntnis bekennen, *ist* (est) die katholische Kirche." Nach längerer Diskussion wurde das „ist" abgewandelt in „... ist *verwirklicht* (subsistit) in der katholischen Kirche" (Lumen Gentium 8). Die

43

(römisch-katholische) Kirche identifizierte sich damit nicht mehr schlechthin mit der Kirche Christi und ließ offen, ob nicht auch anderswo eine (teilweise) Verwirklichung der *einen und einzigen* Kirche gegeben ist. Folgerichtig verstand das Konzil die außerhalb der römisch-katholischen Kirche existierenden Gemeinschaften von Christinnen und Christen nicht nur als soziologische Größen, sondern als *„Kirchen* oder kirchliche Gemeinschaften". Darüber hinaus wurde von den Konzilsvätern in klarer Absicht diese vage und unpräzise Formel gewählt, um einer weiteren Klärung des Kirchenbegriffs keinen Riegel vorzuschieben. Diese Intention wird heute von der Glaubenskongregation (bewusst?) ignoriert: Es gibt nur eine einzige „Kirche", und das ist die römisch-katholische.

Die Erklärung erscheint als höchst problematischer Versuch, das überwunden geglaubte absolutistische Kirchenbild des Ersten Vatikanischen Konzils (1869/70) mit dem uneingeschränkten Primat des Papstes wieder in Kraft zu setzen. Sie steht im schroffen Gegensatz zu den durch das Zweite Vatikanische Konzil eingeleiteten Bemühungen um eine innerchristliche Ökumene und einen interreligiösen Dialog. Für die Kirchen der Reformation ist es eine Beleidigung, wenn ihnen das „Kirchesein" abgesprochen wird. Gleichzeitig wird versucht, einen Keil zwischen die Bestrebungen um Einheit seitens des Ökumenischen Rates der Kirchen zu treiben, wenn den Kirchen der Orthodoxie zugestanden wird, in ihnen bleibe „die Kirche Jesu Christi gegenwärtig und wirksam", nicht aber in den Kirchen der Reformation.

In dieser Situation ist an eine Erklärung zu erinnern, die 1969 von etwa vierzig Theologen (u. a. auch WALTER KASPER, KARL LEHMANN und JOSEPH RATZINGER) unter dem Titel „Die Freiheit der Theologen und der Theologie" verfasst wurde. Darin heißt es u. a.: „In einer plural strukturierten Gesellschaft und in einer differenziert sich gestaltenden Kirche kann das Erbe der Glaubensüberlieferung nur dann fruchtbar weitergegeben werden, wenn das Lehramt wie auch die übrigen Träger pastoraler und theologischer Verantwortung zu einer argumentativen Zusammenarbeit bereit sind. In voller Loyalität und eindeutiger Treue zur katholischen Kirche sehen sich die unterzeichneten Theologen veranlasst und verpflichtet, mit großem Ernst öffentlich darauf hinzuweisen: Die durch das Zweite Vatikanische Konzil wieder gewonnene Freiheit der Theologen und der Theologie zum Dienst an der Kirche darf heute nicht erneut gefährdet werden [...] Wir sind überzeugt, dass irrige theologische Auffassungen nicht durch Zwangsmaßnahmen erledigt werden können. Jegliche Art von noch so subtiler Inquisition schadet nicht nur der Entwicklung einer gesunden Theologie. Sie fügt zugleich der Glaubwürdigkeit der gesamten Kirche in der Welt von heute unabsehbaren Schaden zu."[48] Was vor über 30 Jahren gesagt wurde, besitzt heute noch immer höchste Aktualität. Es zeigt freilich auch, was dieser Appell damals genutzt hat – nichts.

Aufsehen erregte unlängst ein Manifest von angesehenen CDU-Politikern (u. a. die [Ex-]Minister VOGEL, TEUFEL, SCHAVAN, BLÜM), das in der FAZ (17. 11. 00) abgedruckt wurde. Darin heißt es u. a.: „Viele Menschen heute sind religiös ohne Kirche oder sehnen sich nach religiöser Beheimatung in der Kirche. Wenn der innerkirchliche Streit um die Schwangerschaftskonfliktberatung im bisherigen Stil fortgeführt wird, läuft die Kirche mehr und mehr Gefahr, mit der Botschaft, die ihr für alle aufgegeben ist, immer weniger Menschen zu erreichen."

Wird die Kirche zum „Auslaufmodell"? Nur im Dialog, im geschwisterlichen Gespräch miteinander kann die kirchliche Botschaft in rechter Weise formuliert und glaubwürdig verkündet werden. Am Anfang der Kirche steht nicht ein absolutistisch-hierarchischer Inhaber aller Vollmacht, sondern die Gemeinschaft, die Communio. Wenn von „Kirche als Gemeinschaft" nicht nur wohlfeil geredet, sondern wenn sie endlich in die Tat umgesetzt wird, dann lassen sich die Entfremdung und das „psychologische Schisma" vielleicht allmählich überwinden.

1.7 Wandel der Kirchengestalt

Der Freiburger Religionsphilosoph BERNHARD WELTE hat 1952 in einer kleinen, leider wenig beachteten, weil für damalige Verhältnisse reichlich provokativen Schrift sehr hellsichtige Reflexionen über „Wesen und Unwesen der Religion" vorgelegt.[49] Als „wesentliche Religion" bezeichnet WELTE jene religiöse Praxis, in der das Verhältnis von Wesen und vermittelnder Sphäre selbst wesentlich ist. Mit anderen Worten: eine religiöse Praxis, die unverfälschter, glaubwürdiger und adäquater Ausdruck eines reifen und gesunden, aus der Mitte personaler Entscheidung stammenden Glaubens ist.

Als Merkmale einer „unwesentlichen Religion" nennt er in der ihm eigenen Sprache folgende Phänomene:

- „eine eigentümliche Abstraktion und Isolierung des religiösen Mediums" – „Die religiösen Vorstellungen, die religiösen Begriffe, die Kult- und Gemeinschaftsformen werden, isoliert gegen das wirklich Heilige, das zu vermitteln sie da sind, zu einer Sache in sich selber und zu einem geschlossenen Bereich, der nicht mehr über sich selbst hinausweist, ja dessen Übersichweisen ins Unaussprechliche nun gerade hintangehalten wird";
- eine „schwindende Bedeutsamkeit der heiligen Wirklichkeit für uns selbst" – „So wird am Ende in der abgesunkenen Gestalt von Religion nur noch darauf geachtet, dass etwa das Begriffs-System in sich in Ordnung sei, aber nicht mehr darauf, was es mich in Wirklichkeit angehe und wie es mich in Anspruch nehmen müsse; es wird darauf geachtet, dass die Gegenständlichkeit der Religion dasteht, dass der Kult abläuft, aber nicht, wie ich selbst in diese Welt in Wirklichkeit eintrete und in sie einbezogen werde";
- eine Isolierung gegen die „welthaften Bereiche der Wirklichkeit" – „Die religiöse Sphäre dieser Art steht neben der Welt, umgreift sie aber nicht und wird auch nicht von ihr umgriffen,

sie verengt sich zu einem Sektor, zu einem bloßen Fach, und empfängt von daher etwas Sektenhaftes. Sie lebt sozusagen in der Retorte und wird von der Außenwelt abgeschlossen. Da wir aber doch immer zugleich auch weltliche Menschen sind, so entsteht daraus immer eine gefährliche Zerspaltung unseres Bewusstseins in völlig getrennte Sphären, zwischen denen es nun eigentlich keinen Übergang und keinen natürlichen Zusammenhang mehr gibt."

Diesen mehr negativen Phänomenen stehen nach WELTE als Kompensationen „positive" (im Sinne von einfach vorhandenen und anzutreffenden) gegenüber:

- eine „multiplikative und steigernde Wucherung der religiösen Medien" von der materialen Seite her,
- eine „zelotische Anschärfung der Religiosität" von der Vollzugsseite her.

Als charakteristische Beispiele nennt WELTE:

- wuchernde Begrifflichkeit,
- quantitative Vermehrung in Ausbildung und Organisation des Kults,
- Flucht nach innen bis hin zur Skrupulosität,
- Vervielfältigung sentimentaler Religiosität,
- Tendenz zur Steigerung.

Es fällt nicht schwer, diese Phänomene auf weite Strecken als eine (leider) noch immer zutreffende Beschreibung der auch heute anzutreffenden Praxis des Glaubensvollzugs zu sehen. Vieles „Unwesentliche" steht in mittelbaren oder unmittelbarem Zusammenhang mit der volkskirchlichen Gestalt der Kirche. Dieses kirchliche „Milieu" prägte in früheren Zeiten weitgehend das Leben der Menschen. Man/frau wurde in dieses Milieu hinein geboren. Die Taufe erschien als selbstverständliches Ritual der

Eingliederung in einen fraglos übernommenen institutionellen Rahmen und in einen religiösen Verhaltenscodex, dem sich der Einzelne später nur noch schwer entziehen konnte. Die Zugehörigkeit zur Kirche bedeutete zugleich die Integration in ein umfassendes Normgefüge mit einer spürbaren sozialen Kontrolle. Der Empfang der Sakramente wurde genau überwacht – vom Pfarrer und von den Gemeindemitgliedern. Es wurde exakt registriert, welche Frau und welcher Mann an der „Monatskommunion" der Frauen bzw. der Männer teilnahm und wer nicht. Noch in den 1950er Jahren war es in weiten Teilen Deutschlands üblich, dem Ortspfarrer – sollte man das Osterfest nicht in der Heimatgemeinde mitfeiern können – eine schriftliche Bestätigung vorzulegen, dass man anderenorts seiner „Osterpflicht" nachgekommen war. Und wer damals in einer vom katholischen Milieu geprägten Dorf- oder Kleinstadtgemeinde eine „Mischehe" einging, musste mit sozialer Ächtung rechnen; Großfamilie und Nachbarschaft waren sich in der Verurteilung dieser „Schande" einig. „Man" hatte das Bistumsblatt abonniert und las – falls es so etwas gab – die katholische Tageszeitung. Für Unterhaltung sorgten Missionszeitschriften und die Organe der katholischen Verbände. Den Filmbesuch regelte der Katholische Filmdienst. Seine Einkäufe tätigte man bei „guten" Katholiken, auch wenn man dort manchmal mehr zahlen musste. Nur wenn es gar nicht anders ging, durfte auch der evangelische Kaufmann etwas verdienen. Die religiöse Sozialisation wurde von mehreren Säulen getragen: Am Eingang zum Wohnzimmer hing ein kleines Weihwasserbecken, das niemals austrocknen durfte. Jedes Zimmer schmückte ein Kreuz, häufig flankiert von einem kitschigen Marien- und Herz-Jesu-Bild. Dazu kam vielfach noch ein Papstbild. Über dem Kinderbett prangte das unvermeidliche Bild vom Schutzengel, der ein Kind an der Hand hält und es auf einer hohen Brücke sicher über einen tiefen Abgrund führt. Der Religionsunterricht wurde in der Grundschule aufgeteilt in (eine Stunde pro Woche) Bibelunterricht durch den Lehrer (die Bibel war schließlich nicht so wichtig; das konnte darum ein theologisch weniger gebildeter Laie übernehmen) und (zwei Stunden pro Woche) Katechismusunterricht durch den Pfarrer. Diese volkskirchliche Gestalt gehört wohl endgültig der Vergangenheit an. Das hierzulande bis in die Gegenwart hinein von den Kirchen beanspruchte und wahrgenommene Monopol der Sinndeutung besonders herausgehobener menschlicher Lebenssituationen ist zusammengebrochen. Unsere Kultur wird gern mit einem Warenhaus verglichen, in dem jeder das auswählen und erwerben kann, was ihm für sein Leben nützlich und brauchbar erscheint. Neben den kirchlich-religiösen, sakramentalen Kult und zum Teil, ihn verdrängend, an dessen Stelle sind situativ-sinngebende, allgemein anerkannte und akzeptierte Quasi-Kultakte der Gesellschaft getreten. Die ehemalige DDR setzte an die Stelle der Firmung bzw. der Konfirmation eine „Jugendweihe", um dem Bedürfnis nach Ritualisierung bestimmter Lebensabschnitte entgegenzukommen. Nach der Wende wurde aus privater Initiative und ohne staatlichen Zwang dieser Ritus nicht nur beibehalten, er erfreut sich sogar zunehmender Beliebtheit. Für die Gestaltung von nicht-kirchlichen Eheschließungsritualen haben die Standesämter vielerlei Vorschläge zu unterbreiten. Und für Beerdigungszeremonielle bieten in größeren Städten professionelle Grabredner ihre guten Dienste an.

Die herkömmlichen kirchlichen Rituale werden als Service-Angebot nur noch dann angenommen, wenn man sich davon nachhaltige Wirkungen erhofft oder wenn sie dazu dienen, das Leben intensiver und ausgeglichener zu erfahren und zu gestalten, als dies ohne sie möglich erscheint. Sakrale Zeremonien (z. B. Taufe, kirchliche Trauung, Beerdigung) werden benutzt, um eine diffuse subjektiv-religiöse Befindlichkeit zu artikulieren oder um kulturelle Identität zu liefern, die ohne sie nur schwer zu finden wäre. Sie erscheinen als Hilfsmittel, um mentale Kräfte aufzufrischen, die sonst vielleicht ungenutzt blieben. Freilich wächst damit auch ein gewisser Zwang zur permanenten Anpas-

sung, Umstellung und Veränderung. Denn je reicher die Angebots-
palette auf dem Markt der Möglichkeiten ausstaffiert ist, desto
härter wird der Druck, die „Produkte" mit immer vollkommene-
rer Ausstattung und immer perfekterem Service anzubieten und
mit immer raffinierteren Methoden dafür zu werben.

Zwar meinen manche Beobachter der Moderne, eine „Wieder-
kehr von Religion" ausmachen zu können. Allerdings ist hier
gesunde Skepsis angezeigt. JOHANNES B. METZ vermutet in diesem wiedererwachten Interesse an „Religion" eher einen „kom-
pensatorischen Freizeitmythos in unserer noch- und nach-moder-
nen Welt", mit dessen Hilfe Manager und Gemanagte von ihren
elektronisch vernetzten Arbeitsplätzen zurückkehren, um sich
vom antlitzlosen Computer zu erholen.[50] Was da nämlich alles
„wiederkehrt" und auf dem Markt der Möglichkeiten unter dem
Etikett „Religion" feilgeboten wird, zeigt ein reichlich verwirren-
des Bild: Meditation, Mystik, fernöstliche Religiosität, Innerlich-
keit, charismatische Bewegungen, Jugendreligionen, Sekten, Eso-
terik, Okkultismus, parapsychologische Phänomene, Mythos
und Symbolik – um nur einiges zu nennen.

Der amerikanische Religionssoziologe PETER L. BERGER ver-
tritt daher mit guten Gründen die Ansicht, dass die wichtigste
Herausforderung für die Religion in der heutigen Zeit nicht die
Säkularisierung, sondern der Pluralismus sei. Denn die Zugehörigkeit zu einer bestimmten Religion oder Konfession werde
nicht mehr gleichsam schicksalhaft über den Einzelnen verfügt.
Vielmehr wird sie mehr und mehr zum Objekt der freien Wahl.
Dies führt nach Ansicht BERGERS zu einer Haltung, die von stär-
kerer Intoleranz geprägt ist. Denn wenn ein Weltbild oder eine
Moral selbstverständlich ist, kann man es sich leisten, tolerant zu
sein gegenüber anderen, die das absolut selbstverständlich Er-
scheinende ablehnen. Wenn aber ein Weltbild oder eine Moral
das Resultat einer Wahl ist – und diese Wahl muss immer wieder
bestätigt werden, wodurch die Zerbrechlichkeit dieser Überzeugung stets aufs Neue bewusst wird – dann erscheinen jene Men-

schen oder Institutionen als Bedrohung, die diesen Glauben (womöglich auch noch mit plausiblen Gründen) in Frage stellen oder ablehnen. Die wichtigste Aufgabe für die Kirchen und für die einzelnen Gläubigen liege heute darin, einen fruchtbaren Mittelweg zu finden zwischen Relativismus und Absolutismus. Man müsse sich um die Wahrheit bemühen, ohne sich in ihrem absoluten Besitz zu wähnen.[51] Leider hat das offizielle kirchliche Lehramt diesen Trend noch nicht hinreichend erkannt. Statt seine Positionen und Lehrmeinungen begründet darzulegen und auf die Kraft der vorgelegten Argumente zu vertrauen, fordert es „kindlichen Gehorsam des Willens und Verstandes".[52] Wer nur die kritiklose Annahme von *„unwandelbaren* Dogmen und Sätzen" und von *„ewigen* Wahrheiten" fordert, wirkt heute kaum noch attraktiv.

Nur ein Glaube, der sich versteht als Ort der Begegnung mit dem Heiligen und Absoluten, als Weg zur Gotteserfahrung, könnte der Sehnsucht des modernen Menschen entgegenkommen und vielleicht größere Akzeptanz finden. Denn die moderne Gesellschaft verheißt und gewährt zwar jedem ein Maximum an persönlicher Freiheit und Individualität, aber sie kümmert sich gleichzeitig zu wenig um günstige Bedingungen für das Werden einer in sich gefestigten, starken Persönlichkeit. Das Streben nach dem persönlichen, privaten Glück ist zur einzigen Instanz geworden. Traditionelle Grundorientierungen – wie Leben als Erfüllung von Pflichten gegenüber Gott oder gegenüber der Gesellschaft; Schaffen bleibender (materieller oder ideeller) Werte – sind nur noch selten anzutreffen. Und sie finden nur dann noch Aufmerksamkeit und Bereitschaft zu ernsthafter Auseinandersetzung, wenn sie einsichtig und nachvollziehbar erscheinen.

Die Kirchen stehen vor einem schwierigen Problem: Wie weit kann und soll die Anpassung an die hier nur kurz skizzierten Phänomene gehen? Soll man eher darauf warten, bis sich die Moderne tot gelaufen hat und man sich auf das bewährte Alte besinnt, das schmählich und voreilig im Stich gelassen wurde?

Aber sind die Menschen bis dahin vielleicht den Kirchen schon so weit entfremdet, dass sie ihre Angebote gar nicht mehr wahrnehmen können? Wie sollen die Kirchen mit der Ungleichzeitigkeit ihrer Strukturen umgehen – etwa im Hinblick auf die modernen Demokratien, auf Mitbestimmungsrecht, auf ungehinderte freie Meinungsäußerung, auf Gleichberechtigung der Frauen, auf Gewaltenteilung? Wie sollen sie mit dem restaurativen Traditionalismus und dem betonharten Fundamentalismus in ihren eigenen Reihen fertig werden? Wie sollen sie Brücken schlagen zwischen denen, die sich auf der Woge der Moderne schon weit haben vorantreiben lassen, und jenen, die sich eingeigelt haben in ihrer esoterischen Gruppe oder die auf dem vermeintlich festen Felsen-Fundament unter ihren Füßen unbeweglich verharren?

Wie die neue Sozialgestalt der Kirche aussehen wird, ist noch unklar. Zwar sind im Westen Deutschlands – nach Umfragedaten aus dem Jahre 1998 – die Konfessionslosen mit 14 % noch in der Minderheit, doch die Gruppe weist hohe Zuwachsraten auf. Im Osten bilden die Konfessionslosen mit knapp 70 % eine deutliche Mehrheit in der Bevölkerung. Rein statistisch bewegt sich Gesamtdeutschland auf eine Drittelparität zwischen Protestanten, Katholiken und Konfessionslosen zu.[53]

Wir stehen in einer Übergangsphase, vielleicht sogar am „Ende einer Kirchenepoche" (F.-X. KAUFMANN), die von vielen Unwägbarkeiten, Umbrüchen und Veränderungen gekennzeichnet ist und die daher auch manche Unruhe und Unsicherheit erzeugt. Kirchlichkeit wird in Zukunft immer weniger einer sozialen Kontrolle unterworfen sein. Die Kirche ist auf dem Weg von einer Volkskirche „für alle" zu einer Minderheitenkirche „für wenige" – mit zum Teil fließenden Übergängen und nicht immer klar erkennbaren Rändern. Wenn man den Soziologen glauben darf, wird sich die Tendenz zu einem innerkirchlichen wie außerkirchlich-weltanschaulichen Pluralismus – eingeschlossen einer religiös indifferenten Konfessionslosigkeit – fortsetzen. Die Christen werden – zumindest in Europa – zu einer „kognitiven Minderheit"

(K. GABRIEL) schrumpfen. Angesichts einer zunehmenden „Privatisierung der Religion" (T. LUCKMANN) wird sich die Seelsorge stärker um die Förderung der individuellen Glaubensfähigkeit und Glaubenspraxis bemühen und sich stärker an der jeweiligen Lebenssituation des Einzelnen orientieren müssen. Neue Strukturen sakramentalen Handelns und einer „Liturgie für Nicht-Glaubende" sind zu entwickeln, die durchaus im Hinblick auf unterschiedliche konkrete Bedingungen auch unterschiedlich geprägt und akzentuiert sein können. Eine einheitliche, strenge Normierung pastoralen Handelns dürfte kaum noch zu erreichen sein.

Ich möchte hier den Wiener Weihbischof HELMUT KRÄTZL zitieren: „In den nächsten Jahren wird eine Kirche nur dann glaubwürdig sein, wenn sie – in der Fortsetzung des Wirkens Jesu – der Welt einen echten Dienst leistet, zum Frieden verhilft, im vielfachen Leid verständlich zu trösten weiß, bei aller Freude an dieser Welt den Blick zu Gott offen hält. Eine Kirche, die selbstlos, wie Jesus es vorgelebt hat, für andere da ist und nicht für sich selbst wirbt. Eine Kirche, die gerade in ihrer Einfachheit, vielleicht sogar in Armut mehr Zeugnis für den menschgewordenen Jesus Christus ablegt, als in äußerer Kraft und Glorie [...] Man wird die Hilfe der christlichen Botschaft dann verstehen und als glaubwürdig erachten, wenn die Kirchen durch ihr Sein und Auftreten selbst zum glaubwürdigen Zeichen auf Gott hin werden und in Demut jenes Wort Jesu immer neu verstehen: ‚Ich bin nicht gekommen, bedient zu werden, sondern zu dienen'."[54]

1.8 Gottesbilder

Wer hat es nicht schon einmal erlebt, dass ein- und dieselbe Person von zwei Menschen unterschiedlich beurteilt wurde. Der eine sagte: Diese Person ist mir sympathisch; sie ist freundlich, zurückhaltend und höflich. Der andere sagte: Diese Person ist mir unsympathisch; hinter ihrem freundlichen Wesen verbirgt sich Anbiederung und Heuchelei, ihre Zurückhaltung ist in Wirklichkeit Kontaktscheu, und ihre Höflichkeit bezeugt, dass sie kein Rückgrat hat und es mit niemandem verderben möchte. Was hier geschieht, nennen Fachleute „Projektion" (von lateinisch projicere = davor hinwerfen, überwerfen). Man stülpt die eigene Vorstellung dem Gegenstand über, ohne das eigentlich zu beabsichtigen. Die eigenen Gedanken, Gefühle und Empfindungen werden in einem unbewussten Vorgang auf das Objekt projiziert, so wie man ein Farbdia mit dem Projektionsapparat auf die weiße Leinwand projiziert, die dadurch ein farbiges Aussehen erhält. C. G. JUNG definiert die Projektion als eine unbewusste, unabsichtlich geschehende Hinausverlegung eines subjektiven seelischen Tatbestandes in ein äußeres Objekt. Der Projizierende „sieht" in dieses etwas hinein, was dort nur in sehr geringem Umfang vorhanden ist. JUNG spricht deshalb von einem „Haken" am Objekt, an dem der Projizierende seine Projektion wie einen Mantel an einem Kleiderhaken aufhängen kann.

Nehmen wir zur Illustration wieder unser Beispiel. Jeder der beiden Beurteiler hat im Umgang mit Menschen bestimmte Erfahrungen gesammelt. Beide haben Menschen kennen gelernt, die so waren, wie sie es hier schildern. Jeder wendet diese Kenntnis nun auf sein Gegenüber an. Er benutzt einen „Haken" – Freundlichkeit und Höflichkeit, Anbiederung und Heuchelei – und hängt an ihm seine Erfahrungen auf. Der Erste ist vielleicht ein Optimist, der gewöhnt ist, in jedem Mitmenschen bis zum Beweis des Gegenteils erst einmal das Gute zu sehen. Dem Zweiten ist es möglicherweise anders ergangen; er hat schon eine Reihe von Enttäuschungen mit Menschen hinter sich, die ihn misstrauisch machen. Die unterschiedlichen Erfahrungen der beiden springen nun gleichsam aufgrund bestimmter Ähnlichkeiten und Assoziationen auf die vor ihnen stehende Person über und lassen eine völlig gegensätzliche Charakterisierung entstehen. Doch wie soll nun ein Dritter entscheiden, wer von den beiden Recht hat? In unseren zwischenmenschlichen Beziehungen begegnen wir fast täglich diesen Projektionen und müssen lernen, damit fertig zu werden.

Was bei den Beziehungen der Menschen untereinander zu beobachten ist, besitzt auch für die Beziehung der Menschen zu Gott Gültigkeit. Denn auch Gott ist ja ein Gegenüber, dem wir mit bestimmten Vorstellungen und Prägungen begegnen. Mit „Gott" verbinden sich Hoffnungen und Wünsche, Ängste und Aggressionen, Erwartungen und Befürchtungen. RUDOLF AFFEMANN berichtet darüber aus seiner Tätigkeit als Psychotherapeut: „Ich möchte zuerst von den Christen reden. Da in einer analytischen Behandlung nichts ausgeklammert sein darf, geriet auch ihr Glaube ins Gespräch. Im Träumen und beim freien Assoziieren kam er zum Vorschein. Auf letztere Methode lege ich besonderen Wert. Hierbei öffnet sich der Mensch – auf der Couch liegend – seinem Unbewussten. Er überlässt sich allen Einfällen, also Gedanken, Vorstellungen, Gefühlen, Impulsen, Phantasien, Wünschen, Ängsten und so weiter. Nichts darf abgewehrt werden, und nichts soll man mit bewusstem Willen herbeiziehen. Die Assoziationen erfolgen nicht nach den Gesetzen der Logik. Dennoch sind sie inhaltlich und ursächlich miteinander verbunden. Beim freien Assoziieren wird alles, was einem einfällt, sofort ausgesprochen. Dabei drängen die ehemals unbewussten Wirklichkeiten heraus. In jenem Prozess wird also eine Schicht nach der anderen im Unbewussten abgetragen.

Besonders dieses Verfahren erbrachte vieles an Aufhellung der Zusammenhänge des Glaubens jener Menschen. Es wurde deutlich, dass der Glaube bei allen Christen ein aus sehr verschiedenen Ursachen und Absichten zusammengesetztes Gebilde ist. Es erwies sich bei diesen Christen, die an den Gott der Bibel glaubten, dass ihr Glaube eine – soweit man das als Psychologe sagen kann – überwiegend oder gar vollständig subjektive Angelegenheit war. Ich meine damit: Der persönliche Gott außerhalb ihrer selbst erwies sich weitgehend als ein ideologischer Gedanke oder als eine unbewusste Projektion innerseelischer Wirklichkeit in einen Bereich jenseits ihrer selbst. Zum Teil schufen sich meine Partner ihren jenseitigen Gott unbewusst aus recht eigennützigen Absichten. Er sollte tatsächlich ihre Wünsche erfüllen. Seine Aufgabe war es, durch Projektion von Schuldgefühlen zu befreien. Er diente zur Angstabwehr – etwa im Glauben an die Auferstehung, zur Vermeidung von Todesangst. Gottes Güte war dazu da, die unbewusste Selbstablehnung zu überdecken. Seine Liebe verlieh ein Wertgefühl, mit dem man Minderwertigkeitsgefühle vertrieb. Die Nähe Gottes wurde oft gebraucht, um kein Gefühl der Einsamkeit aufkommen zu lassen. Er verlieh einem richtungslosen Leben Sinn. Christlicher Glaube entpuppte sich oft als christliche Ideologie zum Ausfüllen innerer Leere. Häufig stellte es sich heraus, dass christlicher Glaube – ganz im Gegensatz zu seinem biblischen Verständnis – als System der Versicherung allem Unsicheren im Innenleben, im Zusammenleben, vor allem aber Einwirkungen gegenüber verwendet wurde, die in das Leben eintreten und die zu dem führen, was man Schicksal heißt. Wenn es also einen Gott im Sinne der Bibel gibt, dann diente der Glaube dieser meiner Partner weitgehend zur Versicherung gegenüber dem Inbegriff des Unsicheren, Unbegreifbaren, Unberechenbaren, nämlich Gott."[55]

Im Wesentlichen sind es drei Grundtypen von Projektionen, die in vielfachen Abwandlungen und individuellen Ausprägungen das Gottesbild der meisten von uns bestimmt haben und noch bestimmen.

Der Herrscher-Gott

Am häufigsten war in früheren Zeiten wohl das Bild des Herrscher-Gottes anzutreffen. Viele stellten (und stellen!) sich Gott vor als absoluten Herrscher, der alles kann, was er will, und der alles regiert und beherrscht, wie es ihm gefällt; Gott ist „allmächtig" – so haben wir es in der Schule gelernt, so steht es im christlichen Credo und so wird es häufig in den Gebeten beim Gottesdienst gesagt. Gott bestimmt auch das Schicksal jedes einzelnen Menschen im Voraus: Er verdammt, wen er verdammen will, und er beruft zu sich, wen er zu sich berufen möchte. Gott weiß alles voraus, alles, was ich tun und lassen werde; er ist allwissend. Gott verlangt von mir totale Unterwerfung wie ein Herrscher von seinen Untertanen. Er erwartet blinden Gehorsam. Auflehnung gegen seinen Willen zieht ewige Verdammnis nach sich. Jeder Zweifel ist Sünde, jede Rebellion bedeutet Schuld und damit Untergang. Gott sitzt auf einem Thron. Vor ihm in wortloser Anbetung und Unterwerfung liegt auf dem Boden die Schar der (wenigen?) Auserwählten und Heiligen („Hier liegt vor deiner Majestät im Staub die Christenschar", so hieß es in einem viel gesungenen Lied).

Dieses Gottesbild ist eine Projektion. Es trägt unverkennbar Züge, die frühere Generationen ihrem eigenen Erfahrungsbereich über den Umgang mit Kaisern und Königen entlehnt haben. Denn heute, unter anderen politischen Umständen und bei einer anderen (demokratischen) Gesellschaftsordnung ist diese Gottesvorstellung im Verschwinden begriffen. Diese Tatsache macht deutlich, dass die Prägung des Gottesbildes sehr weitgehend abhängig ist von ganz bestimmten sozio-kulturellen Bedingungen, um nicht zu sagen von politischen Gegebenheiten. Solange es noch Könige und Kaiser, Despoten und Monarchen jeder Art gab, forderten diese Gestalten eine Projektion ihres Herrschergebarens auf Gott geradezu heraus. Wenn Gott ein „allmächtiger" All-Herrscher ist, wie es der Glaube lehrt(e), dann kann ich ihn mir nur unter dem Bild jenes Monarchen vorstellen, der mir im täglichen Leben auf mancherlei Weise begegnet. Meine Ängste und Hoffnungen, Befürchtungen und Erwartungen, die ich gegenüber weltlichen Alleinherrschern hege, kann ich scheinbar problemlos auf den „Allerhöchsten" übertragen.

Diese Gottesvorstellung legte nahe, dass sich weltliche und geistliche Herrscher, die ihre Stellung als „gottgegeben" betrachteten und sich darum als Repräsentanten der Macht und Größe

Gottes fühlten, in ähnlicher Weise ein absolutistisches und monarchisches Regiment führten. Gottesbild und Kaiser- bzw. Papstbild haben sich gegenseitig beeinflusst.

Bis ins letzte Jahrhundert hinein haben sich die Päpste heftig gegen das Aufkommen der Demokratie als Staatsform gewehrt, weil sie (zu Recht!) befürchteten, dass damit auch die monarchische Form des Papsttums in Frage gestellt wird. Inzwischen haben im Gefolge demokratischer Verfassungen im staatlichen Bereich auch synodale, demokratie-ähnliche Strukturen in der Kirche Einzug gehalten. Und auch das Papsttum wird, über kurz oder lang, seine monarchisch-absolutistische Gestalt ablegen und einer kollegial-synodalen Form Platz machen (müssen).

Das Bild des Gott-Herrschers und des Herrscher-Gottes ist heute im Abklingen. Die vielfältigen, vom Zweiten Vatikanischen Konzil geschaffenen synodalen Strukturen und „Räte" haben wenigstens optisch der hierarchischen Alleinherrschaft den Nimbus genommen. Das Bild von Kaiser oder König als Projektion auf Gott steht kaum noch zur Verfügung.

Allerdings scheint für manche Christinnen und Christen der Ausfall dieses Bildes nicht nur zur Krise ihrer tradierten Gottes-*vorstellung* zu werden, sondern zur Krise des Gottes*glaubens* schlechthin. Mit dem Bild des Herrscher-Gottes ist eine Projektion entfallen, die bisher eine Art Monopolstellung unter den Gottesbildern innehatte. Offenbar kann etwas anderes nicht so schnell an die Stelle treten. Der Ausfall der subjektiven Anschauungskomponente („Kaiser", „König") für die Projektion auf Gott scheint für Menschen, die das Stadium einer „archaischen Identität von Subjekt und Objekt" noch nicht überwunden haben, auch den Ausfall der Realität des Objekts („Gott") nach sich zu ziehen.

Der Gesetzes-Gott

Auch ein dem Herrscher-Gott verwandtes Gottesbild hat erheblich an Boden verloren: der Gesetzes-Gott, der Paragraphenreiter, der überdimensionale Buchhalter, dem nichts entgeht, der alles aufzeichnet, der ein genaues Konto über unser Leben führt. Nach dem Tod des Menschen, beim „Jüngsten Gericht", kommt dann die große Abrechnung, die unerbittliche Offenlegung von Soll und Haben. Wehe dem, dessen Konto nicht zumindest ausgeglichen ist! Dieser Gott führt nicht nur Buch, er erlässt auch Gebote. Er ist oberster Gesetzgeber und oberster Richter in einem. In Gott gibt es keine Gewaltenteilung, sondern nur Gewaltenhäufung und -potenzierung.

Die Vorstellung vom Gesetzes-Gott ist noch immer bei jüngeren Kindern anzutreffen. Das hängt wohl damit zusammen, dass eine falsche „christliche" Erziehung Gott als pädagogisches Druckmittel und als Verstärker elterlicher Gebote und Verbote eingesetzt hat. Nicht selten wurde als Wille Gottes ausgegeben, was schlicht und einfach Wille der Eltern war, der mit einem göttlichen Gebot nicht unbedingt etwas zu tun haben musste, bei dem die Berufung auf Gott nur zur überdimensionalen Verstärkung missbraucht wurde.

Ein erschütterndes Zeugnis für eine derartig falsche Erziehung hat TILMANN MOSER in seinem Buch „Gottesvergiftung" abgelegt. Das Buch erschien 1976 mit dem Untertitel „Freut euch, wenn euer Gott freundlicher war". MOSER klagt Gott an, weil er Kindheit und Jugend verdorben und vergiftet habe. Er möchte sich befreien von einem Gottesbild, das sich als die „wahre Gottessäure [...] eingeätzt hat in mein Fleisch"[56] und das „eingezogen wie eine schwer heilbare Krankheit, als mein Körper und meine Seele klein waren". Immer wieder bleibt der kleine Tilmann unter den viel zu hohen Forderungen Gottes, wie sie ihm von den Eltern vorgestellt wurden, zurück. Aus Schuldgefühlen erwachsen Ängste und das Gefühl des Ausgestoßenseins. Trotz der flehentlichen Bitte, auf die Seite der „Schafe" gerechnet zu werden, bedrängt ihn die Angst, zu den „Böcken", den „Verdammten", zu gehören, obwohl er Gott „schreckliche Opfer an Fröhlichkeit bringt". Als er im Religionsunterricht von der Lehre über die Vorherbestimmung des Menschen zu Himmel und Hölle hört, wird die dumpfe Angst zur schrecklichen Gewissheit: „Es befiel mich eine entsetzliche Lähmung." Und sein Fazit: „Viele, soweit sie glücklichere Eltern und Ahnen hatten, haben ein freundlicheres Bild von dir, in das weniger Zerstörung und mehr Versöhnlichkeit mit dem Leben eingegangen ist. Für mich warst du die personifizierte Lebensfeindlichkeit."[57]

Es mag sich hier um ein besonders extremes Beispiel einer Vergiftung des Gottesbildes handeln. Immerhin aber dürfte dieses falsche Gottesbild vor allem in einem geschlossenen kirchlichen Milieu noch immer verbreitet sein. Der Wiener Psychiater ERWIN RINGEL meint: „Ich bekenne mich wirklich als Christ und Katholik, und ich weiß, dass der rachedürstige, strafsüchtige und unbarmherzige Gott nicht der wirkliche Gott des Christentums ist. Aber ich würde niemals ein Kind von mir in eine religiöse Schule schicken wollen, weil ich der tiefsten Überzeugung bin, dass in soundsoviel Prozent dieser Schulen eine Neurotisierung im Namen der Religion stattfindet. Da gibt es die Vernichtung, die Verkrüppelung von Menschen für ein Leben lang. Das sind Vergehen, die kaum verzeihbar sind. Das möchte ich mit aller Schärfe sagen, und ich möchte wünschen, dass sich das wandelt."[58]

Der strafende Gott

In engem Zusammenhang mit dem Gesetzes-Gott steht die Vorstellung eines strafenden Gottes. Wenn einem „bösen" oder „sündigen" Menschen Unglück zustößt oder er von einer schweren Krankheit befallen wird, sehen nicht wenige „streng gläubige Christen" dies als die (verdiente) „Strafe Gottes" an. Auch in der

Bibel findet sich diese Redeweise. Gott erscheint als einer, der den Missbrauch seines Namens nicht ungestraft geschehen lässt (Exodus 20,7), als „gerechter Richter, der täglich strafen kann" (Psalm 7,12), ja als einer, der „an den Nationen das Strafgericht vollziehen wird" (Psalm 149,7).

Jedem Erzieher, jedem Vater und jeder Mutter dürfte längst die Problematik des Strafens bewusst geworden sein. Es gibt heute kaum noch einen Pädagogen, der sich für die Anwendung von Strafen im herkömmlichen Sinn einsetzt. Selbst im staatlichen Strafvollzug wird man sich immer stärker der Tatsache bewusst, dass Strafe nur selten zur erhofften und beabsichtigten Besserung führt. Darüber hinaus können weder Strafrechts- noch Sozialwissenschaftler eine allgemein überzeugende Rechtfertigung der Strafe und eine einleuchtende Straftheorie vorlegen. Strafe wird definiert als „Einbuße, welche dem einer Straftat Schuldigen zum Ausgleich auferlegt wird für das, was er sich widerrechtlich angemaßt hat".⁵⁹ Doch was heißt hier „Ausgleich"? Ein Diebstahl kann durch Rückgabe des gestohlenen Gutes „ausgeglichen" werden, eine Brandstiftung durch Wiederaufbau des zerstörten Gebäudes. Aber was wird „ausgeglichen", wenn der Dieb oder der Brandstifter ins Gefängnis gesperrt wird? Kann ein Mord durch den Vollzug der Todesstrafe am Mörder „ausgeglichen" werden? Schuld kann nur durch angemessene Wieder-*gut*-machung des angerichteten Schadens seitens des Schuldigen und durch Vergebung der Schuld seitens des Geschädigten „ausgeglichen" werden. Aber wie soll bei einem Mord verfahren werden?

Auch eine theologische Begründung der Strafe fehlt bis heute. Der Mailänder Erzbischof KARDINAL MARTINI hat sich 1987 sehr klar gegen die herrschende Justizpolitik und die Strafpraxis ausgesprochen: „Repressive Systeme bessern den Schuldigen nicht, im Gegenteil, sie erwecken die niedrigsten Instinkte des Menschen: Aggression und Zorn, Hass und Rache, Verrat und Betrug, Gewalt und Unbarmherzigkeit. Strafe, durch Gewalt auferlegt – auch wenn sie legal ist –, kann kaum einen Menschen bessern."[60]

Schuld kann nicht durch Strafe ausgeglichen werden. Man kann dem schuldig Gewordenen nur helfen, seine Schuld einzusehen. Und er selbst muss sich dann darum bemühen, sein eigenes Fehlverhalten, sein negatives, destruktives Tun, in das er sich – aus welchen Gründen auch immer – verstrickt hatte, durch andere, bessere, positive und konstruktive Handlungen aufzuwiegen, um so seine Schuld abzutragen und auf Versöhnung und Vergebung hoffen zu dürfen. Schuldig Gewordene sind ein Aufruf zu verstärktem pädagogischen Bemühen. Ihre Tat signalisiert, dass sie etwas umtreibt, was ihnen selbst vielleicht gar nicht bewusst ist. Dass es in ihrem Inneren kocht und brodelt, auch wenn man ihnen das von außen kaum anmerkt. Und meist sind die wahrhaft Schuldigen ganz woanders zu suchen. Aber auch dann fragt sich wieder, wie sie zu ihrem schuldhaften Handeln gekommen sind.

Ein Gott, der es nötig hat, zu strafen, ist ein pädagogischer Versager. Die „Strafe Gottes" ist nichts anderes als eine Projektion der Strafpraxis der Menschen. Weil sie glauben, strafen zu müssen, meinen sie, auch Gott müsse strafen (und legitimieren damit wieder ihre eigene schlechte Praxis). Weil sie schlechte Pädagogen sind, sehen sie auch in Gott einen schlechten Pädagogen (und waschen sich die Hände in Unschuld). Weil sie sich rächen, glauben sie auch an einen sich rächenden Gott (und sehen damit ihre Strafe als „gerecht" an).

Göttliche „Strafe" für die Schuld der Menschen besteht nicht in ihrer Züchtigung durch Krieg und Hunger, durch Katastrophen und Leiden. So kleinlich, so pädagogisch einfallslos, so engstirnig und nachtragend ist Gott nicht. Im Gegenteil! Von seiner Güte „ist die Erde erfüllt" (Psalm 119,64). Wie Gott mit der Schuld der Menschen umgeht, zeigt sich im Alten Testament am besten in der Geschichte von Kain, der seinen Bruder Abel erschlagen hat (Genesis 4). Kain muss sich vor Gott verantworten.

Aber Gott verstößt ihn nicht, sondern nimmt ihn in seiner Schuld an. Er stellt Kain unter seinen besonderen Schutz. Er verhängt keine „Einbuße zum Ausgleich" über ihn, sondern macht ihm Hoffnung und eröffnet ihm neue Lebensperspektiven. Und im Neuen Testament erfahren wir sogar den Namen der „Strafe" Gottes: Jesus von Nazaret. In ihm überwindet Gott die Bosheit der Menschen durch reine Güte und Menschenfreundlichkeit (Titus 3,4), ihre Abwendung durch bedingungslose Zuwendung, ihre Schuld durch „Liebe bis zum Letzten" (Johannes 13,1).

Der kosmologische Gott

Weniger neurotisierend, sondern wohl eher die intellektuelle Redlichkeit in Frage stellend ist das Bild vom kosmologischen Gott. Sein Zustandekommen hängt mit unserer Naturerfahrung zusammen. Die Natur gibt dem Menschen Rätsel auf, die er nicht zu lösen vermag. Sie stellt ihn vor Probleme, die er nicht bewältigen kann. In Naturkatastrophen, aber auch in weniger spektakulären Ereignissen (Missernten, Gewitter, Frost, Überflutungen u. a.) erfährt der Mensch sein Unvermögen trotz aller technischen Fortschritte. Um sich die Natur wenigstens einigermaßen griffig zu machen, begannen die Menschen in früheren Zeiten, menschliche Eigenschaften in sie hineinzuprojizieren, die sie aber gleichzeitig so überhöhten, dass der Natur übermenschliche (= göttliche) Kräfte zukamen.

SIGMUND FREUD schildert diesen Vorgang und die daraus resultierenden Konsequenzen: „An die unpersönlichen Kräfte und Schicksale kann man nicht heran, sie bleiben ewig fremd. Aber wenn in den Elementen Leidenschaften toben wie in der eigenen Seele, wenn selbst der Tod nichts Spontanes ist, sondern die Gewalttat eines bösen Willens, wenn man überall in der Natur Wesen um sich hat, wie man sie aus der eigenen Gesellschaft kennt, dann atmet man auf, fühlt sich heimisch im Unheimlichen, kann seine sinnlose Angst psychisch bearbeiten. Man ist vielleicht noch wehrlos, aber nicht mehr hilflos gelähmt, man kann zum mindesten reagieren, ja vielleicht ist man nicht einmal wehrlos, man kann gegen diese gewalttätigen Übermenschen draußen dieselben Mittel in Anwendung bringen, deren man sich in seiner Gesellschaft bedient, man kann versuchen, sie zu beschwören, beschwichtigen, bestechen, raubt ihnen durch solche Beeinflussung einen Teil ihrer Macht [...] (Allerdings) macht der Mensch die Naturkräfte nicht einfach zu Menschen, mit denen er wie mit seinesgleichen verkehren kann, das würde auch dem überwältigenden Eindruck nicht gerecht werden, den er von ihnen hat, sondern er gibt ihnen Vatercharakter, macht sie zu Göttern."[61]

In unseren Breiten kommt heute sicher niemand mehr auf die Idee, die Natur zu vergöttlichen. Die moderne Naturwissenschaft hat uns ein anderes Verhältnis zur Natur gegeben. Die fortschreitende Technisierung hat manche Probleme bewältigt und den Menschen befähigt, die Naturkräfte zu zähmen und sich dienstbar zu machen. Die kosmologische Gottesvorstellung verliert innerhalb der christlichen Kirchen mehr und mehr an Bedeutung – wenigstens theoretisch.

Praktisch hält sich freilich noch immer eine Fülle von Brauchtümern, Ausdrucksweisen und Handlungen, die diese Gottesvorstellung zum Hintergrund haben. Da werden noch immer in ländlichen Gegenden Flurprozessionen abgehalten, um gute Ernte zu erbitten. Da werden beim Gewitter geweihte Kerzen angezündet. Da wird der Wettersegen erteilt und gebetet: „Halte Sturm, Hagel, Flut, Frost, Dürre, Schädlinge und *jedes* (!) Unheil von uns fern. Bewahre *alle* (!) Landstriche unserer *Erde* (!) vor Katastrophen, damit *jeder* (!) Mensch das zum Leben Nötige hat."[62] Welcher halbwegs vernünftig denkende Mensch kann wohl eine, noch dazu so allgemein gehaltene Bitte heute noch guten Gewissens aussprechen? Darüber hinaus wird hier von Gott etwas völlig Unmögliches verlangt; so etwas kann und *darf* man gar nicht erbitten. Jedes kirchliche Gebäude und jeder Bauernhof hat längst einen Blitzableiter. Jeder Landwirt setzt Schädlingsbekämpfungsmittel ein, baut künstliche Bewässerungsanlagen, legt Rückhaltebecken gegen Überflutungen an. Er ist, wenn er sich über sein Tun Rechenschaft ablegt, in eine seltsame Bewusstseinsspaltung hineingeraten: Kirchliche Konvention und religiöses Brauchtum lassen ihn an der kosmologischen Gottesvorstellung festhalten, sein praktisches Handeln aber steht im eklatanten Widerspruch dazu. Obwohl immer mehr kirchentreue Menschen diesen Zwiespalt zwischen Leben und Glauben erkennen und sich von der kosmologischen Gottesvorstellung innerlich entfernen, kann man sich auf kirchenamtlicher Seite zu keiner klaren Stellungnahme durchringen. Ein neues Weltbild aber verlangt auch eine neue Gottesvorstellung.

Gott – eine Projektion?

Wenn sich viele Züge unseres Gottesbildes als Projektionen entlarven lassen, so liegt die Frage nahe, ob nicht auch Gott selbst eine Projektion sei. Berühmt und bekannt ist die These LUDWIG FEUERBACHS (1804–1872): „Das göttliche Wesen […] ist nichts anderes als das menschliche Wesen […] Alle Bestimmungen des göttlichen Wesens sind darum Bestimmungen des menschlichen Wesens […] Die Religion ist die Entzweiung des Menschen mit sich selbst: Er setzt sich Gott als ein ihm entgegengesetztes Wesen gegenüber."[63]

In der Tat kann ein solcher Schluss durchaus nahe liegen. Er entspricht dem Augenschein. Gott lässt sich nicht wahrnehmen, wie man eine materielle Wirklichkeit wahrnehmen kann. Wer behauptet, Gott gesehen zu haben, kann das schwerlich beweisen; er kann plausible Gründe dafür anbringen, er kann selbst als Persönlichkeit glaubhaft erscheinen, er kann für diese Überzeugung sein Leben hingeben – aber das alles sind keine Beweise im strengen Sinn. Man kann auch für ein Hirngespinst sterben. Gott bleibt experimenteller Beweisbarkeit entzogen. Aber – wenn ich etwas nicht beweisen kann, so heißt das nicht schon, dass dieses „Etwas" nicht existiert.

In Bezug auf die Existenz Gottes hat HANS KÜNG in Auseinandersetzung mit verschiedenen Strömungen des modernen Atheismus eine beachtliche Summe von „Indizien" zusammengetragen, die samt und sonders eher *für* als *gegen* die Existenz Gottes sprechen und zu der Hypothese führen: „Wenn Gott existierte, dann wäre eine grundsätzliche Lösung für das Rätsel der fraglich bleibenden Wirklichkeit angegeben: insofern dann eine grundsätzliche Antwort, die selbstverständlich entfaltet und gedeutet werden müsste, auf die Frage nach dem Vonwoher gefunden wäre." Freilich betont KÜNG: „Dass Gott ist, kann nur in einem – in der Wirklichkeit selbst begründeten – Vertrauen angenommen werden [...] Wer Gott bejaht, weiß, warum er der Wirklichkeit vertrauen kann."64 Ein allgemein gültiges Gottes*bild* und eine allgemein verbindliche Gottes*vorstellung* aber können und wollen auch KÜNGS Ausführungen nicht geben:

Gott bleibt unanschaulich und unvorstellbar. Ist es dann also besser, sich überhaupt kein Gottesbild zu machen und sich jeglicher Vorstellung zu enthalten, um so wenigstens der Gefahr der Projektion und einer daraus resultierenden Täuschung zu entgehen? Wenn ich immer nur sagen kann „So ist Gott nicht" und „So ist er auch nicht", liegt es dann nicht nahe, sich jeglicher Rede von Gott zu enthalten? Wir wissen weit besser zu sagen, was und wer Gott nicht ist, als was und wer er ist.

Und dennoch ist es wohl nicht der Weisheit letzter Schluss, deshalb resignierend die Hände in den Schoß zu legen und alles Nachdenken über Gott bleiben zu lassen. Wenn der Glaube an Gott wirklich ein personaler Akt ist, dann gehen darin notwendigerweise unsere persönliche Geschichte, unser Schicksal, unser Charakter, unsere Erziehung, unsere Lebenserfahrung mit ein. Wir sind in vielfacher Weise vorgeprägt in allen Bildern und Vorstellungen, die wir uns von Menschen und Welt machen. Vorstellungen und Bilder tragen unsere persönlichen Züge, geben unsere persönliche Färbung wieder. Alles Bemühen um Konturenlosigkeit und um Farblosigkeit aber raubt menschlichem Tun und Reden – und damit auch dem Glauben – die persönliche Note. Ein Mensch bleibt mir so lange gleichgültig, wie ich in ihm nur ein blasses „Es" sehe, ein biophysisches Konglomerat, von denen es auf dieser Erde noch fünf Milliarden gibt. In dem Augenblick jedoch, wo ich beginne, mir von diesem Menschen ein persönliches *Bild* zu machen, wo ich anfange, mich über ihn „ins Bild zu setzen", wo ich vielleicht diesen oder jenen Zug an ihm wahrnehme (oder wahrzunehmen glaube, d.h. mir ein-bilde), wird dieses „Es" lebendig, geht es mich persönlich an, macht es mich betroffen.

Einen bezaubernden Ausdruck hat solche persönliche Farbgebung in einem Liebeslied gefunden, das uns in den Schriften des Alten Testaments überliefert ist: „Wie schön bist du, meine Freundin, wie schön! Deine Augen glänzen wie Tauben hinter deinem Schleier hervor. Dein Haar ist wie eine Herde Ziegen, die vom Gebirge Gilead herabwallt. Deine Zähne sind wie eine Herde frischgeschorener Schafe, die von der Schwemme heraufsteigen, die allesamt Zwillinge haben, und deren keins ohne Lämmer ist. Einem Karmesinband gleich sind deine Lippen, und dein Plaudermund ist lieblich. Gleich dem Riss im Granatapfel schimmert deine Schläfe hinter deinem Schleier hervor. Dein Hals ragt gleich dem Davidsturm, der für Waffen gebaut ist, an dem die tausend Schilde hangen, lauter Tartschen der Helden. Deine Brüste sind gleich zwei Böcklein, Zwillingen der Gazelle, die auf Lilienauen weiden ..." (Hohelied 4,1–5).

Wie banal würde es wirken, wenn wir statt der reichen Bildsprache eine sachliche Beschreibung vorfänden: Augen besonders tiefliegend, Haare schwarz, auffallend weißes, fehlerloses Gebiss usw. Im Bild beschreibt der Dichter nicht nur, was er sieht, sondern auch, was er beim Sehen empfindet. Eine Merkmalsbeschreibung stellt Äußerlichkeiten fest; im Bild wird der ganze

Mensch zu erfassen gesucht. Die Bildersprache weckt die Kräfte des Unbewussten; sie reicht weiter, als der Intellekt umschreiben kann. Psychotherapeuten versuchen oft, über Bilder, die der Patient malt, den verborgenen Krankheitsherd einer Neurose aufzudecken. Auch Träume sind Bildersprache und eröffnen den „königlichen Weg ins Unbewusste" (S. FREUD).

Es gibt weder *das* Gottesbild noch *die* Gottesvorstellung. Auch die im Sprachgebrauch der christlichen Theologie verwendeten Bezeichnungen „Vater", „Sohn" und „Heiliger Geist" sind Bilder, die zur Veranschaulichung bestimmter Gotteserfahrungen als besonders angemessen und ausdrucksstark empfunden werden und die das Gewicht einer langen Tradition mit in die Waagschale werfen können. Aber es sind eben doch „nur" Bilder: „Gott ist nicht nur Vater, er ist noch viel mehr Mutter" (Papst JOHANNES PAUL I.); Jesus ist nicht nur Sohn, er ist auch Bruder (Matthäus 25,40; 28,10; Römer 8,29). Daraus folgt aber: Ein Kampf um das „richtige" Gottesbild ist nicht ein Kampf um Gott, sondern ein Kampf um menschliche Ideen und Vorstellungen. Wer einen anderen wegen seines „falschen" Gottesbildes verfolgt oder verachtet, der verfolgt und verachtet ihn im Grunde aus ideologischen, subjektiven Gründen, nicht aber aus theologischen und objektiven. „Kein Mensch kann behaupten, eine solche Kenntnis von Gott zu haben, dass er befugt wäre, kraft dessen seine Mitmenschen zu kritisieren oder zu verdammen oder zu behaupten, seine eigene Gottesvorstellung sei die einzig richtige. Die religiöse Intoleranz, die so charakteristisch ist für die westlichen Religionen und aus derartigen Ansprüchen stammt – und, psychologisch gesprochen, ihre Wurzel in einem Mangel an Glauben oder an Liebe hat –, hat einen verheerenden Einfluss auf die religiöse Entwicklung gehabt. Sie hat zu einer neuen Form von Götzendienst geführt."[65]

Unsere Gottesbilder sagen mehr über den aus, der sie hat und von dem sie stammen, als über Gott selbst. Darum dürfen sie immer nur als vorläufig betrachtet werden. Es sind Entwürfe, aber keine endgültigen Bestimmungen. Es sind analoge Bilder, aber keine adäquaten Entsprechungen. Unsere Vorstellungen dürfen zwar unsere Erfahrungen mit der letztlich doch unfassbaren Wirklichkeit „Gott" widerspiegeln, aber sie müssen offen bleiben für neue und andere, die die alten in Frage stellen und korrigieren.

In unnachahmlicher Weise schildert ein mittelalterlicher Mystiker, MEISTER ECKHART (ca. 1260–1327), dieses spannungsgeladene Ringen um Bilder und Vorstellungen von Gott: „Jedes Haften am äußeren Zeichen und genießende Schauen hindert dich am Erfassen des ganzen Gottes, sei es nun, dass du am äußeren Zeichen des Sakraments klebst oder in Lust Visionen des Menschen Christus genießt. Nein, der Tempel muss ledig und frei sein, wie das Auge frei und leer sein muss von aller Farbe, soll es Farbe sehen ... Alle jene Bilder und Vorstellungen aber sind der Balken in deinem Auge. Drum wirf sie hinaus ... Ja selbst deines gedachten Gottes sollst du quitt werden, aller deiner doch so unzulänglichen Gedanken und Vorstellungen über ihn wie: Gott ist gut, ist weise, ist gerecht, ist unendlich. Gott ist nicht gut, ich bin besser als Gott; Gott ist nicht weise, ich bin besser als er, und Gott ein Sein zu nennen ist so unsinnig, wie wenn ich die Sonne bleich oder schwarz nennen wollte ... Alles was du da über deinen Gott denkst und sagst, das bist du mehr selber als er."[66]

Auch in den Schriften des Alten und Neuen Testaments begegnet uns kein einheitliches Gottesbild. Für Gott werden viele Bilder gebraucht und viele Veranschaulichungen in Anspruch genommen, die sich zum Teil zu widersprechen scheinen, die aber gerade in ihren Widersprüchen dem Leser deutlich machen sollen, dass es sich um menschliche Vorstellungen handelt, die unzulänglich bleiben und das eigentliche Wesen Gottes nicht zu erfassen vermögen. Einer von Göttern, Halbgöttern und Dämonen bevölkerten und reichlich chaotischen Weltauffassung, die gleichwohl für den Glauben Israels immer wieder eine Versuchung darstellte, trat der priesterschriftliche Schöpfungsbericht entmythologisierend und Ordnung stiftend entgegen; gegen die Selbstsicherheit, die Jahwes Heilshandeln und der Bundesgedanke in bestimmten Führungskreisen Israels geweckt hatten, kämpften die Propheten an, und sie verkündeten ein anderes Gottesbild, das nicht selten geradezu konträr zur gängigen Glaubensverkündigung und -praxis stand; einer Gottesvorstellung, die von ängstlicher Kasuistik und kleinlicher Gesetzesauslegung geprägt war, begegnete Jesus mit seiner Forderung zum radikalen Umdenken und mit seiner Botschaft vom liebenden Vater-Gott; dem Vorwurf, Gott sei ungerecht, der im Hinblick auf das Schicksal des jüdischen Volkes erhoben werden konnte (vgl. Römer 1,18 – 3,20), widersetzte sich Paulus mit der besonderen Betonung der Gerechtigkeit Gottes.

Die Schrift zeigt, wie in Bezug auf das Gottesbild Projektionen leicht zu Einseitigkeiten und zu einer ideologischen Schlagseite führen können. Sie macht aber auch deutlich, wie solche Projektionen sozusagen „systemimmanent" immer wieder der Korrektur unterworfen werden, wie der Gefahr, das Gottesbild eindimensional eng zu führen, immer wieder begegnet wird durch die korrigierende Herausstellung der Andersartigkeit Gottes. Die starke Spannung des Glaubens, die im Offenbaren und Verhüllen, im Erkennen und Verborgenbleiben, im Reden und Schweigen sich Ausdruck verschafft, wird hier offenkundig. Sie wird aber durchgehalten und nicht vorschnell aufgelöst. Im Leben und in der Botschaft Jesu begegnet uns die spannungsgeladene Vielschichtigkeit des Gottesbildes, die fast an Widersprüchlichkeit grenzt und bis an den Rand des „Irrewerdens" führt, in besonderer Deutlichkeit:

• Gott, der wie ein Vater Begleitende, und Gott, der wie ein falscher Freund in die Verlassenheit des Kreuzes Stürzende;

• Gott, der in Jesus machtvoll Redende, und Gott, der im Tod Jesu rätselhaft Verstummende;

• Gott, der von allen Sorgen Befreiende, und Gott, der in Leid und Not, in Versuchung und Glaubenskrise Führende.

Die erfahrene Nähe Gottes wird immer wieder durch das Erleben der unendlichen Distanz in Spannung gehalten. So bleibt Gott das „absolute Geheimnis" (K. RAHNER), der absolut Unverfügbare. Wir können und dürfen uns von Gott ein Bild machen; aber wir müssen dieses Bild schon zu zerstören beginnen, bevor wir es eigentlich richtig fertig haben. Wir können und dürfen den Versuch wagen, uns Gott zu „veranschaulichen", um den Gottesbegriff überhaupt mit Leben zu erfüllen. Aber wir müssen diese Anschauung sofort wieder verwerfen, weil Gott der schlechthin Unbegreifbare ist (Römer 11,33).

Die Wirklichkeit ist immer größer als das Bild, das wir uns von ihr machen. Sie ist nicht selten auch „ganz anders". Dennoch hat das Bild seine Berechtigung, weil es uns die Wirklichkeit nahe bringt und vertraut macht.

Gott ist insofern eine Projektion, als in jede Wahrnehmung, die wir Menschen machen, ohne dass wir es wollen, Vorurteile und Vorerfahrungen, Gestimmtheiten und Affekte einfließen, die einen völlig „objektiven" Zugang zum Gegenstand der Wahrnehmung unmöglich machen. So gesehen sind auch meine Freunde und Feinde eine Projektion. Die dahinter stehende Wirklichkeit wird aber durch mein Projizieren nicht in ihrem Wesen berührt. Der Gegenstand meiner Projektion existiert unabhängig davon – vielleicht sogar „ganz anders", als ich ihn mir vor-stelle. Dadurch, dass ich ein bestimmtes Bild von einem Objekt als Projektion identifiziere, löst sich das Objekt nicht schon in nichts auf. Das gilt für „Freunde" und „Feinde", die möglicherweise genau das Gegenteil von dem sind, was ich in sie hinein projiziere, die aber gleichwohl Menschen bleiben, Mit-Menschen mit bestimmten Affekten und Gemütslagen. Das gilt auch für die letzte und tiefste aller Wirklichkeiten, für Gott.

Es stellt sich die Frage, ob hier nicht eine unzulässige Psychologisierung des Glaubens an Gott vorgenommen wird. Ich meine: Genau das Gegenteil ist der Fall. Wenn ich nämlich aufweise, dass in meinem Glauben an Gott bestimmte psychische Abläufe

eine Rolle spielen, wenn ich erkenne, dass mein Gottesbild – ob
ich das will oder nicht – stark geprägt ist von meinen Lebens-
erfahrungen, meinem Milieu, meiner Erziehung und vielen anderen Faktoren, wenn ich zur Einsicht gelange, dass Gott in all
diesen Bildern und Vorstellungen nicht adäquat zu fassen ist, sondern dass er unfassbar jenseitig ist und bleibt – dann ist ein solcher Aufweis nicht Psychologisierung, sondern Entpsychologisierung. Ich zeige die psychischen Mechanismen auf, um deutlich zu
machen, dass Gott unendlich viel größer ist als unsere Bilder und
Vorstellungen. Ich trage mit den Erkenntnissen und den Mitteln
der Psychoanalyse die Mauern ab, die wir durch unsere Projektionen vor Gott aufgerichtet haben, und finde mich so wieder
dem absoluten Geheimnis gegenübergestellt. Die Bilder sollen
bleiben, aber sie sollen erkannt werden als Bilder, als menschliche
Produkte. Die Vorstellungen brauchen nicht getilgt zu werden,
aber ich soll wissen, dass Gott unendlich viel größer ist.

Als der Schriftsteller ELIE WIESEL einmal von einem Journa-
listen gefragt wurde, weshalb er angesichts seiner tragischen KZ-
Erfahrungen den Glauben an Gott damals trotzdem bewahrt
habe, antwortete er: „Eine innere Stimme legte mir nahe, mein
Leben genau an der Stelle wieder aufzunehmen, wo es unterbro-
chen worden war, als hätte nur ein Zwischenspiel stattgefunden."
Deshalb habe er sich intensiv mit religiösen und spirituellen
Schriften der jüdischen Religion befasst. Eine weitere Glaubens-
krise habe seinen Glauben allerdings beschädigt. Davon habe er
sich nie mehr ganz erholt. „Auch wenn die Tragödie des Gläubigen schlimmer ist als die des Ungläubigen – er akzeptiert und erträgt sie. Namentlich für den Juden gilt: Er kann für oder gegen
Gott sein, aber nicht ohne ihn." Seinen Glauben beschreibt ELIE
WIESEL mit den Worten „Kampf mit Gott".[67]

Trotz (oder wegen?) aller Entpsychologisierung der Gottesbilder ist es eine unleugbare Tatsache, dass Gott mehr und mehr aus
der Alltagssprache verschwindet. Außerhalb der Gottesdienste
wird er nur noch in kleinen Kreisen erwähnt und als anwesend

anerkannt. Doch selbst dort lösen sich die Bilder vom „persönlichen" Gott immer weiter auf. Der Anteil jener Menschen, die in Gott ein höchstes Wesen, etwas Geistiges oder eine allumfassende Lebenskraft sehen, wächst ständig. Um Gottes und der eigenen Glaubwürdigkeit willen wird eine allgemeinere, den Abstand wahrende Rede über Gott bevorzugt. Die zunehmend auch unter den Christen verbreiteten pantheistisch („alles ist Gott") oder panentheistisch („in allem ist Gott") angehauchten Sichtweisen spiegeln das Unbehagen wider, Gott begrifflich einzuengen und ihn zu sehr nach menschlichem Bild und Gleichnis zu formen. Das biblische Bilderverbot gewinnt immer mehr an Sympathie: „Du sollst dir *kein* Gottesbild machen, *keinerlei* Abbild" (Exodus 20,4).

Selbst die Rede von der Personhaftigkeit Gottes wird in Frage gestellt. Denn die Erkenntnisse der Biochemie und der Hirnforschung lassen das Rätsel, was die menschliche Person eigentlich sei, immer unlösbarer erscheinen. So zeugt es nur von intellektueller Redlichkeit, wenn sich angesichts dieser zunehmenden Unschärfe und Ungenauigkeit auch eine wachsende Vorsicht gegenüber der tradierten Rede von Gott als Person (oder gar von dem einen Gott in drei Personen) ausbreitet.

Das alles spricht keineswegs für eine Tendenz zu einem grundsätzlichen Atheismus, sondern eher für ein Bewusstwerden oder ein Wieder-in-Erinnerung-Rufen des unfassbaren und unbegreiflichen Geheimnisses „Gott". Die schon im Mittelalter verbreitete „negative" Theologie, die lieber sagen möchte, was und wie Gott *nicht* ist, als was und wie Gott *ist*, findet immer mehr Anhänger.

Gott ist und bleibt der ganz Andere, dessen tiefstes und innerstes Wesen unsere Vorstellungen und Bilder, aber auch unser Verstummen und Schweigen nie hinreichend erfassen, den wir immer nur tastend erahnen können – „wie durch einen Spiegel, rätselhaft" (1 Korinther 13,12).

Anmerkungen

1 H. Bart, Selbst-Erfahrung, Stuttgart 1973, 152 f.
2 Th. Hausmanninger, Art. „Ideologie, Ideologiekritik", in: LThK Bd. 5, 402 f. Freiburg/Basel/Rom/Wien ³1996.
3 H. Bosse, Aggression und Frieden, in: J. Bopp / H. Bosse / W. Huber, Die Angst vor dem Frieden, Stuttgart 1970, 17 u. 19.
4 J. P. Guetny, Le choc de deux catholicismes: L'actualité religieuse dans le monde, Nr. 130, 15. 2. 1995, 10 f; zit. nach: P. Eicher, Kirchensucht, in: P. Hertel, Geheimnisse des Opus Dei. Herder-Spektrum 4386, Freiburg/Basel/Wien ³1996, 166–188; hier: 182 f.
5 P. Matussek, Ideologie und Glaube, in: Das Irrationale in der Psychoanalyse – theoretische und klinische Aspekte. Reihe: Weiterentwicklung der Psychoanalyse und ihrer Anwendungen, Göttingen 1977, 71.
6 E. Fromm, Haben oder Sein, Stuttgart 1976, 137.
7 E. Frankl, Der unbewusste Gott, München 1974, 79.
8 S. Freud, Die Zukunft einer Illusion (1927), Stud. Ausgabe Bd. IX, 164.
9 J. Rudin, Psychotherapie und Religion, Olten/Freiburg i. Br. ²1964, 205 f.
10 S. Freud, Zwangshandlungen und Religionsübungen (1907), Stud. Ausg. Bd. VII, 15.
11 Ebd., 14.
12 Ebd., 18.
13 Zweites Vatikanisches Konzil, Liturgiekonstitution „Sacrosanctum Concilium", Art. 10.
14 E. Fromm, Haben oder Sein, Stuttgart 1976, 73–80, hier: 80.
15 S. Freud, Massenpsychologie und Ich-Analyse (1921), Stud. Ausgabe Bd. IX, 88. 90. 92.
16 Synodenbeschluss „Unsere Hoffnung" I,5.
17 E. Fromm, Die Kunst des Liebens. Ullstein Tb 258, Frankfurt/M. 1975, 24.
18 R. Affemann, in: R. Bohren / N. Greinacher (Hg.), Angst in der Kirche verstehen und überwinden, München/Mainz 1972, 42.
19 A. Stolz, Erziehungskunst, Freiburg ⁸1911, 378.
20 Ebd., 17 f.
21 Ebd., 18, 107, 378.
22 Ebd., 119 f.
23 Ebd., 72.
24 Ebd., 74.
25 Sinn und Gestaltung menschlicher Sexualität. Ein Arbeitspapier der Sachkommission IV der Gemeinsamen Synode der Bistümer in der Bundesrepublik Deutschland, 1. 3.

[26] Ebd., 2.

[27] Ebd., 2. 2. 8.

[28] Ebd., 3. 2. 7.

[29] Ebd., 4. 1. 1; 4. 1. 2.

[30] Ebd., 4. 2. 3 und 4. 2. 4.

[31] Ebd., 4. 2. 5 und 4. 2. 6.

[32] Ebd., 4. 3. 2.

[33] Ebd., 4. 4. 1 und 4. 4. 3.

[34] Ebd., 4. 4. 5.

[35] P. Matussek, Kirche und Sexualität: ein Dauerkonflikt?, in: Herder-Korrespondenz 1975, 392–399; hier: 396.

[36] Zit. nach: W. Seibel, Ein neuer Klerikalismus; in: Stimmen der Zeit 1998, 3.

[37] Katechismus der katholischen Kirche, München u. a. 1993 u. ö., Nr. 87, 892, 2037.

[38] Kongregation für die Glaubenslehre, Instruktion über die kirchliche Berufung des Theologen. Verlautbarungen des Apost. Stuhles 98 (24. 5. 1990), Nr. 25, 30, 32, 34.

[39] Glaubensbekenntnis und Treueid, Mainz 1990, 17–20.

[40] I. Kant, Werke, hg. v. Wilhelm Weischedel, Bd. VI, 53.

[41] Herder-Korrespondenz 17 (1962/63), 86–101; hier: 87.

[42] Zweites Vatikanisches Konzil, Pastoralkonstitution „Lumen gentium", Art. 21.

[43] Zit. nach: W. Seibel, Selbstzerstörung der Autorität, in: Stimmen der Zeit 1989, 145.

[44] Ebd.

[45] E. Biser, Glaubenskonflikte. Wohin führt die Kirchenkrise? München 1989, 91.

[46] Vgl. K. Rahner, Kommentar zum Dritten Kapitel von Lumen Gentium, in: Lexikon für Theologie und Kirche. Das Zweite Vatikanische Konzil, Bd. 1, Freiburg/Basel/Wien ²1966, 236.

[47] Verlautbarungen des Apost. Stuhles Nr. 148 (6. 8. 2000), hg. v. Sekretariat d. Deutschen Bischofskonferenz, Bonn.

[48] Die Freiheit der Theologen und der Theologie. Eine Erklärung, Beilage zu Concilium, Heft 1, 1969.

[49] B. Welte, Wesen und Unwesen der Religion. Wiederabdruck in: Ders., Auf der Spur des Ewigen, Freiburg/Basel/Wien 1965, 279–296. Die Zitate sind diesen Seiten entnommen.

[50] J. B. Metz / T. R. Peters, Gottespassion, Freiburg 1991, 23.

[51] Zit. nach: Christ in der Gegenwart 2000, 426.

[52] Katechismus der katholischen Kirche, München u. a. 1993 u. ö., Nr. 87, 892, 2037.

[53] Vgl. K. Gabriel, Gott in Westdeutschland, in: zur debatte. Themen der Kath. Akademie in Bayern 5/6 (2000), 7f.

[54] H. Krätzl, Aber wo ist er heute?, in: Christ in der Gegenwart 2000, 429f; hier: 430.

[55] R. Affemann, Gott und die Psychologie, in: L. Remisch (Hg.), Gott in dieser Zeit, München 1972, 53–55.

[56] T. Moser, Gottesvergiftung, Frankfurt/M. ^{2}1978, 16.

[57] Ebd. 9f, 19, 10, 19, 22 (in dieser Reihenfolge).

[58] Interview mit E. Ringel, in: Herder-Korrespondenz 1978, 177.

[59] A. Scheuermann, Art. „Strafe", in: Lexikon für Theologie und Kirche. Bd. 9, Freiburg i. Br. ^{2}1964, Sp. 1096.

[60] Kardinal Carlo M. Martini, „Schuld und Sühne im Licht der Heiligen Schrift". Referat in Wien 1987; zit. nach: Publik-Forum 19/1990, 18.

[61] S. Freud, Die Zukunft einer Illusion (1927), Stud. Ausg. Bd. IX, 150f.

[62] Gotteslob. Kath. Gebet- und Gesangbuch. Ausgabe für das Erzbistum Freiburg, Freiburg i. Br. 1975, 1038.

[63] L. Feuerbach, Das Wesen der Religion, hg. v. A. Esser, Köln 1967, 97f.

[64] H. Küng, Existiert Gott? München 1978, 622, 626, 628.

[65] E. Fromm, Psychoanalyse und Religion, Zürich 1966, 136f.

[66] Meister Eckhart, Deutsche Predigten und Traktate. Hg. u. übers. v. J. Quint, München o.J., 30; dort auch Angabe der Fundstellen bei Eckhart.

[67] Zit. nach: Christ in der Gegenwart 2001, 7.

2
Den Aufbruch wagen

Angesichts der vielfältigen Hindernisse, wie ich sie hier kurz zu skizzieren versuchte, darf es nicht verwundern, wenn nicht wenige getaufte Frauen und Männer ihren überlieferten Glauben verloren haben oder wenn sie zumindest in große innere Schwierigkeiten mit ihm geraten sind. Doch die Religion ist heute auf dem Wege, ihrer selbst bewusst zu werden. Die neuere Theologie hilft ihr dabei. Wir können erkennen, was sich an allzu Menschlichem in religiöses Denken und Tun eingeschlichen hat. Je tiefer wir über Religion und Glaube, über Gott und die Welt nachdenken, desto mehr entdecken wir den Aber- und Pseudoglauben, der sich unter der Gestalt des „wahren Glaubens" versteckte und die Arglosen täuschte.

Es wird Zeit, den Aufbruch zu wagen und sich auf den Weg zu machen. Es wird Zeit, sich in Bewegung zu setzen und nach dem wirklich „wahren Glauben" zu suchen. Der Schweizer Theologe und Schriftsteller KURT MARTI hat darauf hingewiesen, wie zentral der Begriff „Weg" in der Bibel ist: „Gott ist mit Menschen, Menschen sind miteinander, Jesus ist mit seinen Jüngern auf dem Weg, unterwegs. Der johanneische Christus sagt: ‚Ich bin der Weg.' Der Weg! Also ein Geschehen, ein Prozess – aber nicht: ‚Ich bin der Standpunkt.' Nicht stehen bleiben auf einem Punkt, sondern gehen, homo viator."[68]

Das Zweite Vatikanische Konzil (1962–65) hat in der katholischen Kirche den Aufbruchsgedanken neu heimisch gemacht und ihn sogar zu einem Wesenszug ihres Selbstverständnisses erhoben. Sie beschreibt sich als „pilgernde Kirche" – in vielfachen und immer wieder neuen Aufbrüchen begriffen. Sie sieht sich aufgerufen, das Antlitz Gottes, wie es sich in der Schrift beider Testamente widerspiegelt, immer neu zu suchen und zu gewinnen.[69] Solche Aufbrüche sind ein Wagnis, weil sie in noch unbekanntes Gelände führen, weil sie Neuland „er-fahren".

„Aufbruch" soll hier in doppeltem Sinn verstanden werden: Ich breche auf, ich mache mich auf den Weg. Ich wage den Bruch mit der faulen Ruhe und dem bequemen Stillstand. Ich breche etwas auf. Ich knacke die Schale und schaue, was dahinter ist. Ich breche die Erstarrungen einer bewegungslos gewordenen Glaubenspraxis auf und riskiere neue Formen. Ich hämmere an den Versteinerungen einer „unwandelbaren" Überlieferung und suche nach dem Schatz, der hinter der scheinbar undurchdringlichen Wand verborgen ist.

Ich möchte im Folgenden zuerst erzählen, wie ich selbst den Aufbruch gewagt habe (ich meine jedenfalls, es sei einer gewesen) und wie es mir dabei ergangen ist.

2.1 Den Glauben neu sehen lernen

Nach dem Krieg geriet ich zunächst dank einer wundervollen Jugendgemeinschaft und glaubwürdiger Seelsorger in eine geradezu überschwängliche Phase der Begeisterung für den Glauben, für die Kirche. Doch sehr bald kam die Ernüchterung. Das Promotions-Studium, zu dem mich meine Kirchenoberen drängten, ließ mich tiefer in die Theologie, in die Exegese der Schrift und in die Geschichte der Kirche eindringen. Ich musste dabei sehr schnell erkennen, dass mir während des Studiums von meinen Theologie-Lehrern – durchaus systemkonform und subjektiv sicher ohne böse Absichten – vieles, allzu vieles von den Schattenseiten der Kirche vorenthalten worden war. Dass im Grunde nie die Frage nach den eigentlichen Ursachen gestellt wurde. Wenn von den dunklen Kapiteln der Kirchengeschichte die Rede war, dann waren es meist einzelne „schlechte" Päpste, Bischöfe oder Priester, die dafür verantwortlich gemacht wurden – und natürlich die bösen Ketzer und Häretiker.

Nie aber wurde das System „katholische Kirche" selbst in Frage gestellt,

* *dass die Kirche sich seit den Zeiten Kaiser Konstantins (um 300) vorwiegend mit den Herrschenden verbündet und sie selbst in massiver Weise Herrschaft ausgeübt hat, Herrschaft von Menschen über Menschen,*
* *dass sie in ihren Leitungsstrukturen allzu viel Ähnlichkeit mit monarchisch-absolutistischen Herrschaftssystemen besitzt und dies auch noch mit dem Hinweis auf den (vermeintlichen) Abbild-Charakter der göttlichen Herrschaft zu rechtfertigen sucht,*
* *dass sie sich durch die Institution des Papsttums im Laufe der Geschichte weniger als Dienst an der Einheit, sondern eher als „Garant der Kirchenspaltung" erwiesen hat,*
* *dass sie in ihrer Theologie oft viel zu wenig Ehrfurcht vor dem unergründlichen Geheimnis Gottes zeigt und so tut, als wüsste sie genau über alle Regungen und Gedanken Gottes und über sein Innenleben Bescheid,*
* *dass sie nicht wirklich mit heißem Herzen nach dem fragt, was Jesus wollte, und statt dessen sich allerlei Gedanken macht über seine physische und metaphysische Personstruktur,*
* *dass sich die Kirche im „Dritten Reich" ADOLF HITLERS gar nicht so machtvoll und herrlich dargestellt hat, wie ich es annahm.*

Und was für die Geschichte der Kirche galt, traf leider auch bald für vieles an der überkommenen und eifrig studierten Theologie zu. Nicht Weniges entpuppte sich als Worthülse, als Phrase, als Ideologie und hielt den rasch anwachsenden Erkenntnissen der historisch-kritischen Exegese, der Tiefenpsychologie und der Naturwissenschaft, der Sozialforschung und den immer zahlreicher werdenden religionsgeschichtlichen Entdeckungen nicht stand. Die Rückzugsgefechte des kirchlichen Lehramtes wirkten häufig kläglich und unglaubwürdig. Immer mehr Bastionen, die bis dahin als uneinnehmbar und unüberwindbar gegolten hatten, mussten geräumt werden – angefangen von der Schöpfung des Kosmos in sechs Tagen bis zur Frage des Geburtsorts Jesu. Dann kam das Konzil (1962–65). Es ließ mich neue Hoffnung schöpfen und meine Zweifel zerrinnen.

Doch es dauerte nicht lange, da geriet der Aufbruch ins Stocken. Das überwunden geglaubte Denken gewann wieder die Oberhand.

Heute, fast 40 Jahre nach dem Konzil, scheint es so, als hätten Bürokraten und Bremser in der Kirche den Sieg über den konziliaren Aufbruch errungen. Eine grundlegende Strukturreform als Voraussetzung einer umfassenden Kirchenreform wurde abgeblockt, weil die kuriale Kirchenleitung darin offenbar erheblichen Machtverlust befürchtete. Nie hätte ich geglaubt, dass so viel Angst vor den Herausforderungen der modernen Zeit sich unter denen breit machen könnte, die sich als „Nachfolger der Apostel" bezeichnen und deswegen auch etwas von deren Mut und Risikobereitschaft in sich tragen sollten. Nie hätte ich gedacht, dass so viele Bischöfe und Theologen der Überzeugungskraft des Gotteswortes so wenig zutrauen und sich so zäh und hartnäckig an den von ihren Amtsvorgängern, also von Menschen geschaffenen Glaubensformeln und -vorstellungen festklammern. Nie hätte ich geglaubt, dass intelligente Menschen es schaffen, wider besseres Wissen in Unmündigkeit zu verharren und sich allen neuen Erkenntnissen beharrlich zu verschließen. Nie hätte ich geglaubt, dass nicht wenige Christinnen und Christen noch immer in zwei Welten – einer religiösen und einer profanen – und in der permanenten Ungleichzeitigkeit einer Glaubensform von gestern und einer Lebensgestaltung von heute leben können.

Es fiel mir immer schwerer, die römischen Restaurationsbemühungen und Abschottungsmaßnahmen innerlich und äußer-

lich mit zu vollziehen und für mich zu akzeptieren. Zu stark hatte mich in der Zeit des Konzils der neue Geist gepackt. Zu sehr hatte er mich umgekrempelt und meinem Leben eine neue Richtung gegeben. Ich konnte die damals geöffneten Fenster einfach nicht wieder schließen, weil ich gelernt hatte, frei zu atmen. Ich konnte den damals begonnenen Dialog mit der Außenwelt nicht abbrechen, weil ich mündig, zum selbstverantworteten Gebrauch des Verstandes fähig geworden war. Viele meiner Gesprächspartner und Glaubensbegleiter dachten und fühlten ähnlich. Es waren Menschen, die wie ich von der Sache Jesu ergriffen waren und darum rangen, dieses Evangelium für sich und andere glaubwürdig in der Welt von heute zu leben und zu bezeugen. Ihre Hoffnungen, die sie mit dem Aufbruch des Zweiten Vatikanischen Konzils verbunden hatten, aber zerbrachen. Immer wieder rieben sie sich an verstaubten, doktrinären Vorschriften, an der formell zwar erneuerten, aber nicht mit neuem Leben versehenen Liturgie, am ungebrochenen Macht- und Autoritätsanspruch der Hierarchie. Sie waren tief verwundet und enttäuscht. Sie wehrten sich dagegen, in einer Kirche leben zu müssen, deren verantwortliche Führer wieder die Positionen von gestern festzuschreiben suchten, die sich nicht nach vorn, in die Zukunft, sondern rückwärts, in die vermeintlich glorreiche Vergangenheit orientierten. Die sich nicht bewegten, sondern in ihren vorkonziliaren Erstarrungszustand zurückstrebten. Nicht wenige meiner Weggefährten resignierten, wandten sich ab, traten schlussendlich aus dieser ängstlichen Kirche aus.

Beruflich bedingt kam ich immer wieder mit so genannten „Außenstehenden", mit Skeptikern, mit Atheisten ins Gespräch. Die verfasste Kirche sagte ihnen nichts. Der christliche Glaube interessierte sie nicht (mehr). Dennoch stellte ich fest, dass für manche unter ihnen die Glaubensfrage keineswegs „erledigt" war, auch wenn sie mit der Kirche nichts mehr anzufangen wussten. Ich durfte erfahren, dass auch unter ihnen Menschen lebten, die nach dem Eigentlichen, nach dem Tiefsten und Letzten in ihrem Leben und in der Welt überhaupt Ausschau hielten, als Suchende und rastlos Fragende, Wandernde auf ein Ziel hin, das sie nicht genau kannten, sondern nur dunkel ahnten. Und dass sie sich um ein wahrhaft humanes Leben in Solidarität zu ihren Mitmenschen bemühten.

Gerade ihnen fühlte ich mich in besonderer Weise verbunden. Immer wieder musste ich dabei an das Wort Jesu denken von dem Hirten, der die 99 Schafe im Pferch zurücklässt, um das eine verlorene zu suchen. Um das zu finden, muss er die sicheren Mauern verlassen, muss sich in unwegsames Gelände begeben, sich Angriffen von Feinden aussetzen. Und wenn er das eine Schaf endlich gefunden hat, kann er es nicht einfach mit Gewalt zur Rückkehr in den Schafstall zwingen. Denn wer weiß, ob das Schaf nicht froh war, endlich dem Getto entronnen zu sein? Ob es sich seine mühsam errungene Freiheit so schnell wieder nehmen lassen wollte? Es braucht viel Einfühlungsvermögen, behutsame Überzeugungsarbeit und vielleicht auch das Versprechen, sich für die Rechte dieses einen Schafes nach Kräften einzusetzen – falls es in den Schafstall zurückkehren sollte.

Allerdings erkannte ich in diesen Jahren glücklicherweise auch, dass der Geist Gottes trotz intensiven Bemühens, ihn in Verordnungen und Erlasse einzubinden, durchaus am Werk ist. Obwohl alle Ritzen und Schlitze im Kirchengebäude abgedichtet zu sein scheinen, findet er irgendwo ein winziges Schlupfloch zum Durchkommen. Keine Aktendeckel sind dick genug, um den „Braus Gottes" zuzudecken. Keine wortreichen päpstlichen Erlasse und keine dickleibigen Katechismen vermögen das Wort Gottes zu übertönen. Ich durfte und darf erleben, wie eine sich autoritär gebärdende „heilige Herrschaft" (Hierarchie) ins Leere läuft, wie Verbote und Sanktionen durchdacht ignoriert, wie „kindlichen Gehorsam" fordernde Glaubensbekenntnisse und Treueide verantwortlich verweigert werden. Wie immer mehr Christinnen und Christen inzwischen mündig geworden sind und sich ihren Mund nicht mehr verbieten lassen. Wie Menschen, kirchlich gebunden oder nicht, mit Selbstlosigkeit und großem persönlichen Engagement sich für das Reich Gottes und die Sache Jesu einsetzen, auch wenn sie dem einen anderen Namen geben.

Der Glaube, in den ich während meiner Kindheit und Jugend hinein gewachsen bin, ist nicht mehr derselbe wie heute. Ich kann zu manchem von dem, was vor 50 Jahren dazu gehörte und zu dem ich damals ohne Zögern mein „Amen" sagte, nicht mehr die Zustimmung geben. Mein Glaube hat seine Ausdrucksformen und auch seine Inhalte stark verändert. Theologische, historische und psychologische Studien zeigten mir, dass vieles an Form und Gestalt des christlichen Glaubens situationsbedingt ist. Dass sich politische Rücksichtnahmen und Einwirkungen in ihm widerspiegeln. Dass abgrundtiefe Ängste in ihn eingegangen sind. Dass unendlich viel Missbrauch mit ihm getrieben worden ist. Dass er dazu diente, Machtansprüche und Geltungsbedürfnisse zu befriedigen. Dass mit dem Glauben viel Verdrängtes und ins Unterbewusstsein Abgeschobenes, meist verfremdet und als fromm kaschiert, an die Oberfläche gespült wurde. Es gibt fast kein neurotisches Symptom, das sich nicht in irgendeiner Weise unter den vielfältigen Formen christlicher Glaubenslehre und -praxis tarnen kann.

Christlicher Glaube ist ein Glaube von Menschen. Er trägt darum menschliche Züge, die manchmal zur Fratze verzerrt sind und mich erschrecken lassen, die aber nicht selten auch etwas von einer tiefen, verborgenen Schönheit offenbaren. Kein Mensch gelangt fertig zur Welt. Vielmehr wird ihm die Aufgabe einer lebenslangen Entfaltung und Entwicklung in die Wiege gegeben. Die körperliche Entwicklung funktioniert weitgehend selbstständig. Für die geistige Entwicklung und das Reifen der Persönlichkeit muss er in größerem Umfang selber tätig werden. Christlicher Glaube ist keineswegs gleichzusetzen mit Infantilismus, Denkfaulheit und Verharren in geistiger Unterentwicklung. Er muss sich vielmehr bilden, weiterbilden, fortbilden.

Ich glaube, dass ich heute einen für mich tragfähigen, intellektuell verantworteten und auch vor anderen verantwortbaren Glauben gefunden habe. Gewiss: Ich bin auch heute noch auf der Suche. Die endgültige Gestalt meines Glaubens habe ich noch nicht gefunden, weil ich auch meine eigene endgültige Gestalt noch nicht gefunden habe. Wir müssen zeitlebens lernen; das gilt nicht nur für Alltag, Familie, Beruf, menschliches Zusammenleben. Das gilt auch für den Glauben. Es gibt – das ist uralte kirchliche Lehre – auch einen „progressus dogmaticus", einen dogmatischen Fortschritt, einen Fortschritt in Glaubenslehre und Glaubensleben, für die Kirche insgesamt wie für den einzelnen Gläubigen.

Auch ich habe mich bemüht, das, was mich vor 50 Jahren erfasst und umgetrieben hat, in mir nicht zum Stillstand kommen zu lassen. Immer wieder habe ich die alten Fragen nach Gott, nach Jesus von Nazaret, nach Gottes Geist, nach der Kirche und nach dem neuen Leben gestellt. Ich habe die alten Antworten bedacht und nach neuen, zeitgemäßen gesucht. Ich habe die tradierten Glaubensformeln von Neuem buchstabiert und mich darum gemüht zu begreifen, was sie aussagen möchten. Ich habe versucht, das Überlieferte in eine Sprache zu übersetzen, die Menschen von heute verstehen können.

Ich bin mir bewusst, dass manche diese meine Glaubensüberzeugung als „nicht orthodox" und vielleicht sogar als „nicht (mehr) katholisch" betrachten. Ich meine freilich, dass sie auf dem Fundament des alle verbindenden und verbindlichen Glaubens der Kirche aufruht und aufbaut. Nach der Bibel ist christlicher Glaube kein wohl durchdachtes, unantastbares und unwandelbares Gebäude von Dogmen und Kirchengesetzen, sondern ein in Hoffnung und Vertrauen gründendes, ganz persönliches, von jedem selbst zu sprechendes und zu vollziehendes Ja und Amen zu dem sich den Menschen mitteilenden Gott, zu seinem Sohn Jesus von Nazaret und zu dem Geist, der die Menschen umtreibt.

Einige meiner Weggefährten haben Ähnliches erfahren. Zwei von ihnen sollen hier zu Worte kommen. Zuerst ein pensionierter Pfarrer, der lange Jahre in einem Kurort im Schwarzwald als Seelsorger tätig war.

2.2 Alles wirkliche Leben ist Begegnung

Wenn ich den Weg, die Geschichte meines Glaubens als Christ berichten soll, will, muss ich zuerst sagen, es ist eine Geschichte der Begegnungen, wie MARTIN BUBER *es sagt: „Alles wirkliche Leben ist Begegnung." Es ist ein Weg, – Wege wollen gegangen werden. Manchmal geht man frohgemut und leicht dahin und zuweilen müde, ohne das Ziel klar vor Augen zu haben. Gut, wenn dann jemand mitgeht und wär's nur eine Strecke weit.*

Auch so genannte Kleinigkeiten können weittragende Wirkungen haben. Da möchte ich eine erzählen. Unsere Familie war fest in der Kirche verankert. In der Verwandtschaft gab es Pfarrer und Klosterleute. Die Erziehung im Elternhaus war (in jener Zeit!) streng katholisch. Wir hatten einen Bauernhof. Damals mussten auch die Kinder früh mitarbeiten, besonders im Sommer. Also musste ich öfter vor der Schule mit aufs Feld. Einmal war ich mitten in der Lateinstunde eingeschlafen. Der Nachbar stupste mich. Ich hörte gerade noch wie der Lehrer sagte: „Lass ihn schlafen. Er hat schon schwer gearbeitet." Jener Professor ging oft zur heiligen Messe. Dass er mich, den Quintaner, nicht bestrafte, war für mich eine tiefe Erfahrung: In die Kirche gehen, verstehen, wie's dem Schüler ergeht, und Güte zeigen – das gehört zusammen. Das ist keine vom Leben abgehobene Moral! Jene kleine Begebenheit und jener Lehrer gehen mit mir durchs ganze Leben.

Einige Jahre später. Ich war – mitten im Zweiten Weltkrieg – auf einem Lehrgang für Gebirgsjäger. Einmal konnte ich den Gottesdienst besuchen. Ein Pater sprach mich an, was ich einmal werden wolle. Ich wolle Theologie studieren, antwortete ich. Da meinte er: „Ich geb' dir ein Buch. Wenn du das verstanden hast, kannst du dir mehr als die Hälfte der Vorlesungen sparen." Er gab mir „Die Brüder Karamasoff", empfahl mir besonders die Reden des Staretz Sossima, und „Der Großinquisitor".

Irgendwie haben mich „Die Brüder Karamasoff" gepackt und bis heute nicht mehr losgelassen. Ich habe mir dann alle anderen Bücher von FJODOR M. DOSTOJEWSKI *einverleibt und immer wieder „den Staretz" gelesen und bedacht. Vielleicht habe ich wirklich etwas daraus ins Leben umgesetzt. Jedenfalls wird es weiterhin mein Bemühen sein, mehr davon zu verwirklichen:*

„Vor manch einem Gedanken bleibt man in Ratlosigkeit stehen, namentlich beim Anblick der Sünden der Menschen, und man fragt sich: ‚Soll man es mit Gewalt anfassen oder mit demütiger Liebe?' Entscheide dich immer so: ‚Ich will es mit demütiger Liebe versuchen.' Hast du dich ein für alle Mal dafür entschieden, dann wirst du auch imstande sein, die ganze Welt zu besiegen. Liebevolle Demut ist eine gewaltige Macht, die stärkste von allen, und es gibt keine, die ihr gleichkäme.'

Und ebenso: ‚Liebet jeden Strahl Gottes. Liebet die Tiere, liebet jegliches Gewächs und jegliches Ding. Wenn du jedes Ding lieben wirst, so wird sich dir das Geheimnis Gottes in den Dingen offenbaren.'"

Gleich zu Beginn des Studiums hatte ich Glück. Ich verstehe es als Fügung. Ich traf Prof. Dr. BERNHARD WELTE – *„BeWe". Das war der Beginn einer lebenslangen Freundschaft. Was habe ich doch als Student dem Professor zugesetzt mit Fragen! Es ging um Erbsünde, freien Willen, Gehorsam u. a. m. Was die Kirche lehrt, wollte mir oft nicht eingehen. Und die Messe – kann man denn nach dem Krieg mit seinen Folgen in der Kirche gerade so weitermachen wie zuvor?*

Der BeWe verstand die Fragen und bemühte sich, den Fragen auf den Grund zu gehen, einen Weg zu weisen und den Willen zu wecken, ‚dranzubleiben'.

Die Philosophie KARL JASPERS *und* MARTIN HEIDEGGERS *haben das Ihrige dazu beigetragen. Den „Feldweg" habe ich dann nicht nur gelesen, ich bin ihn auch öfter gegangen,* HEIDEGGERS *Gedanken nach-denkend.*

Später war der BeWe oft in Ferien in Hinterzarten bei mir. Viele Gespräche haben den Anfang jener frühen Jahre weitergeführt. Wie oft waren es Gedanken über das Evangelium und seine Freiheit, die es dem Glaubenden schenkt. Oft haben wir einander zugerufen: „Es lebe die Freiheit!"; und dankbar uns erinnert der Erfahrung des Psalmisten (Ps 18,20): „Er führte mich hinaus in die Weite, er brachte mir Rettung, weil er mich liebt."

Oft und immer wieder hatten es uns MEISTER ECKHART *und* MARTIN BUBER *angetan. Beide sind mir wirkliche Begleiter auf dem Lebensweg, auf dem Weg zu Jesus und mit ihm geworden.* MEISTER ECKHART: *„Wenn du Gott bei der Arbeit im Stall nicht hast, wie du ihn im Hochamt hast, so hast du ihn nicht recht."* Und MARTIN BUBERS *„Chassidische Legenden" geleiten mich allemal. Aktuell: „... Ist es dir bekannt, dass es einen Schöpfer der Welt gibt?" „Ja", sagte der Diener. „Freilich", rief Levi Jizchak, „alle sagen es, aber erlernen sie es auch?"*

Begegnung zu leben – kritischem Denken und dem Leben auf der Spur bleiben, habe ich auch so erlernt: Viele theologische Vorlesungen fand ich langweilig. Deshalb habe ich öfter „geschwänzt" und andere Vorlesungen gehört – Geschichte, Germanistik, Französisch. Da wurde so manches anders gesagt als „bei uns". Ich lernte BLAISE PASCAL *kennen, die frühen Konzilien aus anderer Sicht verstehen und ebenso das Mittelalter, d. h. Begegnung mit der Geschichte, mit den Menschen früherer Zeiten, – lernte geschichtlich denken.*

Der Horizont blieb offen für die Begegnung mit den Menschen der Bibel... Da ging es ja nicht um Lehren, Lehrsätze, nicht zuerst um sog. Glaubenswahrheiten und „Für-wahr-halten", sondern um das Leben, um Erfahrungen, die der Mensch macht –

auch wir heute. Die Bibel – ein Buch aus vielen Jahrhunderten, mit den Erfahrungen der Menschen mit sich selbst, mit andern Menschen und so mit Gott. Der Prophet Micha (6,8) hat sich mir wie vielen anderen tief eingeprägt: „Es ist dir gesagt, o Mensch, was gut ist, und was Jahwe an dir sucht: nichts anderes als Gerechtigkeit üben, den Brudersinn lieben und in Dienmut wandern mit deinem Gott."

Begegnungen zum Leben, auf dem Weg zum Leben. In einer Pfarrei, in der ich als Kaplan tätig war, lernte ich Prof. HSIAO aus China kennen und über ihn den Buddhismus und Konfuzianismus von innen her verstehen, nicht nur mit westlichen Augen sehen. Das Interesse war geweckt. Was können uns doch andere Religionen schenken, wie uns bereichern!

Tief eingeprägt haben sich mir die Begegnungen mit ERICH FROMM. Er und seine Frau waren einige Male in Hinterzarten in Urlaub. So kam es auch zu Gesprächen. Noch immer ganz aktuell: Nach einem Gespräch fragte ich Prof. FROMM: „Sehen Sie einen Weg heraus aus den bedrohlichen Entwicklungen in unserer Welt?" Er antwortete: „Nicht soviel lügen." Das ist die eine Seite.

Die Begegnungen mit den Menschen in der Pfarrgemeinde, mit den Kindern und Jugendlichen, mit den Frauen und Männern und ihrem Glaubensweg, ihrer Treue zur Kirche, ihrem Vertrauen in der Mühsal des Lebens, in Krankheit und Sorgen, im Tod der Angehörigen und ihrer Hoffnung auf den Himmel – sie sind nicht weniger tragend, mit-tragend als jene, nicht weniger stärkend, ermutigend zu Glauben und Hoffnung, zum Liebe tun.

Das Leben stellt uns Fragen, so wir mit offenen Sinnen und wachen Geistes leben und mehr Fragen als Antworten möglich sind. In Gesprächen mit den „Einheimischen" wie den Gästen im Ort wurden viele der Fragen auch ausgesprochen und damit die Erfahrungen mit anderen Menschen, mit Kirche, mit Pfarrern; das Leben in der Familie, die Zweifel in Krankheit und Not. Echte Gespräche sind nicht einseitig; wo sie gelingen, gehen beide berei-

chert, beschenkt, zuversichtlicher weiter. Ganz nach ANGELUS SI-
LESIUS: *„Freund, so du etwas bist, so bleib doch ja nicht steh'n:
Man muss von einem Licht fort in das andre geh'n."*
*Alles wirkliche Leben ist Begegnung. Es darf hier die Begeg-
nung mit den Büchern* ANTHONY DE MELLOS *nicht fehlen. Sie
sind mir eine große Hilfe und Ermutigung fürs tägliche Leben,
wenn ich an die Institution Kirche denke, an so manche Erfahrungen mit ihr, wenn ich mich darüber ärgere und auch mal schimpfe.
Ich weiß, es geht nicht ohne Institution, – aber muss sie so unbe-
weglich bleiben, so starr, in so engem Sinn traditionsverhaftet? Ist
das im Sinne des Evangeliums? Jahwe ist der Gott der Geschichte!
Wahre Geistigkeit ist beweglich, flexibel, lebendig.*
*Der Meister wurde gefragt: „Was ist Geistigkeit?" Er sagte:
„Geistigkeit ist das, was im Menschen eine innere Verwandlung
bewirkt." „Aber wenn ich die von den Meistern überlieferten
traditionellen Methoden anwende, ist das nicht Geistigkeit?"
„Wenn es für dich nichts bewirkt, ist es nicht Geistigkeit. Eine
Decke ist keine Decke mehr, wenn sie dich nicht wärmt." „Also
ändert sich Geistigkeit?" „Die Menschen ändern sich und brauchen Veränderungen. Was also gestern Geistigkeit war, ist heute
keine mehr. Was im allgemeinen unter der Bezeichnung Geistigkeit läuft, ist nur noch die Erinnerung an vergangene Methoden"*
(A. DE MELLO: Warum der Vogel singt).
*Vielfältig sind die Gestalten dieser Begegnung: Dem anderen
begegnen – dem anderen als dem anderen begegnen – sich im
anderen begegnen – sich selbst durch die Begegnung mit dem
anderen begegnen. Solche Begegnungen sind keine Selbstverständlichkeit. Kaum einer ist bereit zuzuhören. Kaum einer ach-
tet auf das, was der andere wirklich zu sagen hat, was er aber mit
seinen unbeholfenen Worten nicht zum Ausdruck bringen kann.
Man kann die Chance einer Begegnung verpassen – durch Unauf-
merksamkeit, durch Desinteresse, durch Gedankenlosigkeit,
durch Hast und Eile, durch permanente Selbstbespiegelung. Begegnung kann aber auch zur Quelle der Kraft werden.*

Alles wirkliche Leben ist Begegnung. Alle diese Begegnungen, ja, gerade die mit den Menschen, die einfach ohne Wenn und Aber den Weg gingen, haben mir das Evangelium der Bibel nahe gebracht, aus Für-wahr-halten zu Erfahrungen geholfen, zu Vertrauen in Gottes Da-Sein in Liebe. Er kennt die Herzen der Menschen, weiß, was in ihnen vorgeht. So habe ich vielen zu danken, Unzählige sind es. Und zu danken Gott aus ganzem Herzen – „Der Mensch wird des Weges geführt, den er wählt." Und so hoffe ich, den Weg des Glaubens in die Ewigkeit, in die Fülle des Lebens, in die Voll-Endung aus Jahwes Schöpferkraft, weiterzugehen. Und ich hoffe, auf Menschen an meiner Seite, die diesen Weg mitgehen, die ihn auch als den ihren erkannt haben, dass wir gemeinsam gehen!

KARL RAHNER *soll am Ende seines Lebens auf die Frage, ob er glaube, geantwortet haben: „Ich hoffe." So möchte auch ich verbleiben* (Eugen Weiler).

2.3 Vom Stehen im wahren Glauben zum Gehen im lebendigen Trauen

Ähnliche Erfahrungen hat ein anderer Priester gemacht, der schon lange Jahre als Krankenhausseelsorger tätig ist. Er überschrieb das, was er mir mitteilte: „Vom Stehen im wahren Glauben zum Gehen im lebendigen Trauen".

Stehend entgeht dir – gehend entsteht dir das Licht. Gehend entsteht dir der Weg, die Wahrheit, das Leben.

Stehend entgeht – gehend entsteht ... Als ich vor Jahren dieses Wortspiel unter das Foto von einem Tunnel schrieb, fiel von dieser Erkenntnis auch Licht auf meinen Glaubensweg: Vom Feststehen in Glaubenswahrheiten zum erst unsicheren und dann mutigeren Gehen, zum Ausziehen aus alten Erstarrungen zu lebendigerem, kreativerem Suchen und Finden meines Weges.

90

Wenn „credere", das lateinische Wort für „glauben", heißt: „mein Herz geben", dann wollte ich mein Herz nicht mehr feststehenden Glaubenswahrheiten geben, sondern den Geh-Hilfen des Glaubens, wie sie mir im unendlich reichen Steinbruch der Bibel angeboten sind – als Fundstücke versteckt und deshalb zu suchen und zu entdecken in den Erfahrungen, Geschichten, Gebeten, Liedern, Gleichnissen und Taten biblischer Gestalten, besonders in der Gestalt Jesu.

Wenn uns der Evangelist Johannes zum Beispiel einen Christus zumutet, der verlangt, dass wir sein Fleisch und Blut zu uns nehmen, also ihn selbst essen, uns von seinem Menschen-Leben nähren sollen, dann führt dieses Wort, wenn es im so genannten Sakrament des Altares aufgeht, in eine Sackgasse. Denn hier ist zuerst Christus selber das Sakrament. Sein Leben, sein Weg von Nazaret bis Jerusalem ist die Speise, von der alle Leben schöpfen können, die sich von ihm nähren lassen. Nicht erst sein Sterben und Auferstehen, sondern sein ganzer Weg ist Sakrament. Die eucharistische Liturgie verkürzt das Gedächtnis Jesu auf das Gedenken seines Leidens und Sterbens und seiner Auferstehung. „Deinen Tod, o Herr, verkünden wir ..."

Sein Weg, sein Leben, sein Heilen und Verkünden sind aus der Liturgie verschwunden. Das gilt auch für die Gestaltung unserer Kirchenräume. Beherrschendes Bild ist der Gekreuzigte, nur selten der Auferstandene, kaum der Hirte, der Prophet, der Weisheitslehrer der Heiler, der Mensch. So verdrängt die Leidensgeschichte seine Lebensgeschichte – und die war ein Wandern, ein Gehen, ein Unter-den-Menschen-Sein, ein Sich-Mitteilen, ein Erzählen in Gleichnissen. Solche Verkürzung des lebendigen Christus-Jesus wird noch festgemauert in dem Verbot, die Worte des Hochgebets in der Messe zu verändern oder zu ergänzen. Wenn die Liturgie, die ja immer noch von dem in der Messe dargebrachten Opfer redet, zur stets gleichbleibenden Formel erstarrt, muss dem lebendigen, kreativen, suchenden, echten Wort wieder Raum gegeben werden.

91

*Am griffigsten zeigt sich für mich die Verarmung eines dogma-
tisierten und liturgisch ritualisierten Eucharistie-Verständnisses
in jener Geschichte von dem Brautpaar, das nach der Trauung
den Gästen vor der Kirche draußen ein Glas Sekt einschenken
will. Der plötzlich einsetzende starke Regen erzwingt die Frage
an den Pfarrer, ob dieses Glas Sekt nicht ausnahmsweise hinten
in der Kirche getrunken werden könne. Als der Pfarrer dies verweigert, kommt der Kaplan zu Hilfe mit dem Hinweis, dass doch
auch Jesus bei einer Hochzeit zu Gast war und sogar das Fest mit
Wein verstärkte. Da kommt die verräterische Antwort: „Aber da
war doch das Allerheiligste nicht dabei!"*

*Wenn das „Allerheiligste" – die im Tabernakel aufbewahrten
Hostien – den Allerheiligsten verdrängt, verblasst die Gestalt des
lebendigen Jesus. Dann tritt er als konturloser Schatten hinter die
äußeren Zeichen seiner Gegenwart zurück. Dann wird nicht
mehr Er gesucht, sondern das die Kirchengebote ableistende
Fromm-Sein wird verlangt. „Glauben als Weg" wird behindert
durch „Glauben als Wahrheit". Wer meint, diesen „Glauben als
Wahrheit" gefunden zu haben, sollte andere nicht daran hindern,
den persönlichen „Glauben als Weg" ehrlich und unbeeinflusst
zu suchen.*

Hildegard von Bingen *sagte: „Unser Glaube darf keine
Stunde alt werden!" Glaube muss jung bleiben, darf nicht sess-
haft werden im Besitzen von unverrückbaren Wahrheiten. Die
ersten Christen verstanden sich als „die vom Weg" (vgl. Apg
13,10; 16,17). Sie hatten den Anfang eines Weges gefunden, nicht
eine Fluchtburg, um sich zur Ruhe zu setzen. Gehend entstand
ihnen das Licht für die weiteren Schritte.*

*Nach fast 2000 Jahren ist unser Glaube alt geworden und
benötigt intensive Versuche der Verjüngung – Entgleisungen in-
begriffen, wenn Geleise einengen und die Lebendigkeit ein-
schränken. Der Weg mag sich verzweigen, Umwege und vielleicht auch Irrwege sind zu gehen, aber der Weg entsteht nur,
indem wir gehen. Die Fischer und Seeleute können davon ein*

Lied singen. Sie fahren fast nie die alten Routen und Wege. Darum ist es eine vordringliche Aufgabe der Kirche, Menschen und Gruppen, die neue Wege des Christseins gehen, zu fördern und zu integrieren statt sie auszugrenzen. Denn solche Aufbruch- und Suchbewegungen halten die Kirche jung.

ERICH FRIED hat in seinem Buch „Unverwundenes" ein provozierendes Gebet formuliert, in dem es heißt: „Bewahre mich vor vollkommenen Lehrern und vor vollkommenen Lehren, die alles erklären können. Bewahre mich vor der Suche nach Ewigkeitswerten, denn sie sind am Ende nur Anweisungen zum Sichversteinern ..."

Stehend entgeht uns, gehend entsteht uns Gott. Dabei meine ich mit Gehen nicht nur das Vorwärtsstreben in der Horizontalen, sondern ebenso das In-die-Tiefe-Gehen in der Vertikalen. Auf dem Weg nach innen, in die Tiefe, in das gesammelte Schweigen, wird die Erfahrung zuteil, die horchend erspürt: Redend entgeht dir, schweigend entsteht dir das Licht. Im schweigenden In-sich-gekehrt-Sein tun sich neue Räume der Nähe Gottes auf, kann Kraft getankt werden für den Weg, kann ein Grund-Wort Jesu Christi zur Quelle werden: „Ich in dir und du bist in mir". Du Gott in mir und ich in dir – das ist für mich ein Lebens-Grund-Satz geworden, der mich begleitet im Gehen und Ruhen.

*Gott – Du – in der Tiefe meines Wesens
bist Du da als große Erlaubnis zum Leben,
als Antrieb zum Gehen,
als manchmal dunkle Spur zum Glück,
als Ja zu meinen Geh-Versuchen.
Gott, Du wunderbare Höhle der Geborgenheit,
Du tragende Brücke,
Du Himmel um mich.
Ich sage leise von innen an dein Ohr:
Ich und Du.
Und Du bist lachendes Verstehen.* (Erwin Seifried)

Das menschliche Leben ist gekennzeichnet durch verschiedene Phasen, die beim Einzelnen sehr unterschiedliche Gestalt annehmen können. Weil christlicher Glaube ein Glaube von Menschen und kein abstraktes System von unwandelbaren Glaubenssätzen darstellt, kann und darf es nicht verwundern, dass auch die Gestalt dieses Glaubens in den verschiedenen Lebensabschnitten eine unterschiedliche Gestalt annimmt. Der Glaube des Kindes ist noch recht unreflektiert. In der Zeit der Pubertät und des Heranwachsens wird der Glaube von Krisen geschüttelt sein. Häufig wird jetzt (wirklicher oder vermeintlicher) „Ballast" abgeworfen. Der eigene Lebens-Weg muss gesucht werden. Und meist wird Wert darauf gelegt, dass er sich von dem der Eltern unterscheidet. Es darf darum nicht verwundern, wenn es in dieser Zeit bei jungen Menschen zunächst zu einer gründlichen „Entrümpelung" der tradierten religiösen „Wahrheiten" kommt. Es ist nicht verwunderlich, wenn in einer (noch) leistungsorientierten Gesellschaft die Akzeptanz von Religion weitgehend abhängig ist von dem, was diese Religion zu „leisten" verspricht. Gefragt wird in dieser Phase vor allem nach der identitätsstiftenden Funktion von Religion und nach ihrer Brauchbarkeit als Lebenshilfe. Könnte es sein, so frage ich mich, dass jüngere Menschen sich nur deshalb in zunehmendem Maße von tradierten Formen religiöser Praxis verabschieden, weil ihnen hier nicht mehr das begegnet, was sie sich unter Religion vorstellen, was sie von ihr erwarten und erhoffen? Haben jene Jugendlichen, die sich heute von den Kirchen und damit nicht selten auch vom Christentum überhaupt abwenden, vielleicht einen „Glauben" vermittelt bekommen, der angesichts der heutigen Belastungsproben nicht tragfähig, nicht hinreichend solide fundiert, nicht faszinierend und zukunftsträchtig genug erscheint? Könnte es sein, dass „Kirche" ihnen zu sehr im Gewand des Etablierten, des Allzu-Menschlichen begegnet und darum keine Anziehungskraft mehr auf sie ausübt? Dass sie in den abendländisch-christentümlichen Formen von Religion vor allem das „Unwesen", nicht aber das „Wesen" von Religion erfahren? Ist also die von vielen beklagte Tendenz zu Religionslosigkeit, Säkularisierung und Atheismus in Wirklichkeit Ausdruck einer tiefen Sehnsucht nach authentisch gelebter und bezeugter „wesentlicher" Religion?

Kehren jene (jungen) Menschen, die mit „unwandelbarer" Lehre und Dogma, mit uralt-verfasster Form von Religiosität und erstarrtem Ritus nichts mehr anzufangen wissen, sich nur deswegen davon ab, weil sie sich – ganz „ich", ganz sie selbst – dem Geheimnis der Welt und ihres tiefsten und letzten Sinns unmittelbar und ungefiltert ausliefern möchten? Hat sich der „Ort von Religion" aus dem Bereich der Institution Kirche in denjenigen des Individuums verschoben?

Schon 1973 hat der angesehene Religionspädagoge ADOLF EXELER (1926–1983) eine religiöse Erziehung gefordert, die der Gegenwart und der Zukunft gerecht werden kann und gerade darum nicht auf bloße Anpassung bedacht ist: „Es muss um der Sache willen darum gehen, dass eine anfängliche ‚heteronome' Phase religiöser Gewöhnung mehr und mehr abgelöst wird durch eine ‚autonome' Phase, in der das Überkommene in Selbständigkeit angeeignet und modifiziert wird."[70]

2.4 Ablösung und Wiederannäherung

Wie eine solche „Ablösung" und „modifizierte" Wiederaneignung geschehen kann, zeigen die folgenden Ausführungen eines Beamten.

Ich bin heute 65 Jahre alt und versuche, mir rückblickend über meinen religiösen Werdegang ein Bild zu verschaffen.

Geboren und aufgewachsen bin ich in einem katholischen Elternhaus in einem fast rein katholischen Umfeld. In der kindlichen Entwicklungsphase lernte ich eine heile katholische Welt kennen, mit allen Anleitungen zum täglichen Gebet, zum sonn-

täglichen Besuch des Gottesdienstes, zum gewissenhaften Beachten aller Fasten- und Abstinenzgebote usw. Meinem kindlichen Denkvermögen angepasst wurde mir auch ein einfaches Gottesbild nahe gebracht. So entstand, eine heile, religiöse Heimat, ein Haus, in dem ich mich geborgen fühlte. (Oh lass im Hause Dein uns all geborgen sein!)

Die Begeisterungs-Phase

Mein Schulbesuch fiel in die Kriegs- und Nachkriegszeit. Ich war – wie selbstverständlich – Mitglied der (wieder entstandenen) katholischen Jugend, und ich war Messdiener. Beides war ich mit Begeisterung. Das religiöse Haus, das meine Heimat geworden war, wurde in dieser Zeit zum „Haus voll Glorie"!

Zu dieser Zeit gab es für mich noch nichts zu hinterfragen. Alles, was man mich in dieser Zeit gelehrt hatte, war für mich gesicherte Wahrheit, denn es kam ja aus dem Mund anerkannter Autoritäten. Der Glanz, den die Kirche mit ihren Festen entfaltete, beeindruckte mich; die liturgischen Formen, die ich zwar nicht alle begriff, wurden mir zur lieben Gewohnheit. Mit welcher Begeisterung habe ich das Lied „Ein Haus voll Glorie schauet" gesungen! Für mich war es ein mächtiges Haus, „... aus ewigem Stein erbauet ..." , und herrlich anzusehen. Alles in diesem Haus war wohldurchdacht, hatte seine wohlbegründete Ordnung! Und der Hausherr und seine engeren Mitarbeiter, die Hausverwalter, waren für mich Vorbilder, denen wir übrige Bewohner des Hauses selbstverständlich höchste Achtung und Gehorsam schuldig waren. So habe ich es auch in meinem Elternhaus gelernt.

Wie habe ich in dieser Phase das Haus gegen alle Angriffe vehement verteidigt (Es war in dieser Zeit zugegebenermaßen auch nicht gefahrvoll)! Auch durchdachte und berechtigte kritische Äußerungen habe ich nur als böswillige Unterstellungen, im günstigsten Fall aus Mangel an Wissen entstanden, angese-

hen. Ich habe meine Zugehörigkeit zur katholischen Kirche demonstrativ (manchmal wohl auch provokativ) zur Schau gestellt.

Die Phase der Reflexion

Aus beruflichen Gründen zog ich einige Jahre später in eine andere Stadt. Das neue Umfeld und wohl auch die wachsende geistige Reife ließen mich nun über manche Ereignisse und manche Gepflogenheiten in der Kirche, über manche Vorschriften und manche Glaubenssätze nachdenken, die ich in der „Begeisterungs"-Phase unreflekiert in mich aufgenommen hatte. Und in meinem „Haus voll Glorie" entdeckte ich die ersten Staubkörnchen. Ich versuchte, sie wegzupusten, und wirbelte noch mehr Staub auf. Und als ich den Fußbodenteppich in diesem „Haus voll Glorie" etwas anhob, um nach der Tragfähigkeit des Fußbodens zu schauen, zeigten sich Unebenheiten und Risse, die bisher kunstvoll verborgen waren.

Im Lauf der Jahrhunderte seines Bestehens hatte sich in dem Haus doch allerhand, eben auch Nebensächliches, angesammelt. Ich konnte inzwischen für die prunkvolle, aber mit Patina überzogene Ausstattung des Hauses nicht mehr die Begeisterung von früher aufbringen, ich empfand sie mehr und mehr als inhaltsarme Verpackung. Ich fühlte, wie mich die gestelzte, in vielen Fällen auch lieblose, wenn nicht unbarmherzige Art des Umgangs miteinander, das strenge, in dem Haus herrschende „Protokoll", von dem man keine Abweichung duldete, im Grunde daran hinderten, dem Stifter des Hauses nahe zu sein.

Die Fassade, das Aussehen, die Formen hatten in diesem „Haus voll Glorie" einen höheren Stellenwert erhalten, als die Bewohner und die Intentionen des Stifters.

Ich besprach mich mit einigen, von mir bisher als vertrauenswürdig angesehenen Mitbewohnern, ob auch sie ein ähnliches Unbehagen empfänden. Aber ich war offenbar allein mit meinen

97

Zweifeln. Alle ins Vertrauen Gezogene, insbesondere die Hausverwalter und deren Zuarbeiter, fanden alles in Ordnung.

Das Haus wurde mir fremd, ich empfand es nicht mehr als mein Heim, in dem ich mich als Kind doch so wohl gefühlt hatte. Ich zog mich zurück in einen versteckten Winkel und mied nach und nach den Kontakt zu meinen Mitbewohnern. Man sah mich auch nicht mehr bei den offiziellen Anlässen im Haus.

Zwar vermied ich es, in der Öffentlichkeit über Missstände in diesem Haus zu reden oder gar meine Mitbewohner schlecht zu machen, aber überzeugt verteidigen wie früher, das konnte ich nicht mehr! Merkwürdigerweise fühlte ich mich aber dem Stifter des Hauses, zu dem der Zugang doch angeblich nur über die Hausverwaltung und nur unter Beachtung vieler Vorschriften der Hausordnung möglich war, nach wie vor eng verbunden.

Ich fand das Haus stark renovierungsbedürftig. Da kam eines Tages auch ein neuer Hausherr, der versuchte, die Renovierung in Angriff zu nehmen. Er öffnete die Fenster und ließ frische Luft herein. Er berief eine Hausversammlung ein und gewann viele Helfer für sein Vorhaben. Aber an dem „Haus voll Glorie" war so vieles zu erneuern und zu verändern, dass er es zu seinen Lebzeiten nicht zu Ende führen konnte. Viele Bewohner, auch solche aus der Hausverwaltung, hatten auch einfach Angst, dass das erneuerte Haus zu viel von seinem früheren Aussehen einbüßen würde und leisteten (zunächst verdeckten, später offenen) Widerstand.

Die nach seinem Tod folgenden Hausherren standen der Erneuerung des Hauses nicht mehr so offen gegenüber. Um den Hausbewohnern gegenüber aber weiterhin renovierungsfreudig zu erscheinen, hat man einigen Räumen neue Tapeten gegeben, hat man einige Möbelstücke nach hinten, andere wieder mehr in den Vordergrund gerückt, hat man einige Texte der Hausordnung etwas anders formuliert, aber eine gründliche Renovierung des ganzen Hauses wurde auf unbestimmte Zeit vertagt. Die geöffneten Fenster hat man wieder ängstlich geschlossen. Man

fürchtete offenbar schon leichte Zugluft (obwohl es doch in mei-
nem früheren Lieblingslied heißt: „... wohl tobet um die Mauern,
der Sturm in wilder Wut, das Haus wird's überdauern, auf festem
Grund es ruh't ...").
Und ich saß weiterhin in meinem Winkel und mied meine Mit-
bewohner immer mehr. Zu dieser Zeit habe ich mich zeitweise
nach einer anderen Wohnung umgesehen. Aber was ich da an-
traf, zeigte ebenfalls Mängel, und auch dort war vieles nur Fas-
sade und hielt selbst leichtem Bohren und Kratzen nicht stand.
(Und die Makler hatten offenbar nur Eines im Sinn: ein gutes
Geschäft zu machen).

Die Phase der Wiederannäherung

In dieser Phase der inneren Emigration geschah etwas Merkwür-
diges. Durch Zufall – war es wirklich Zufall? – wurde ich auf ein
Buch aufmerksam, das ein mir bekannter Mitbewohner, dem in
der Verwaltung des Hauses offizielle Aufgaben übertragen
waren, geschrieben hatte. Aus reiner Neugier beschaffte ich mir
das Buch. Und was ich las, fesselte mich. Ich entdeckte, ich war
doch nicht allein mit meinen Zweifeln. Hier bekannte sich einer –
und dazu noch ein „Etablierter" – ehrlich dazu, dass auch er an
dem Haus allerhand Mängel sah. Er sprach mutig und offen aus,
dass auch ihm manches zu denken gab, dass auch er an manchem
zweifelte, aber auch, dass sein intensives Quellenstudium ihm
half, manche vom Staub der Jahrhunderte überlagerte Wahrheit
mit anderen Augen zu sehen und er sie so wieder verstehen
lernte. Die ihm daraus erwachsene Hoffnung hat er auch auf
mich übertragen. Seine Darstellung der Glaubenswahrheiten,
nicht auf Wolken schwebend und nicht Angst verbreitend, son-
dern einleuchtend und verständlich formuliert, haben auch mir
wieder Hoffnung gegeben.
In dem danach entstandenen Dialog erkannte ich, dass es doch
noch viele Bewohner gibt, die sich auch weiterhin ernsthaft um

eine Renovierung des „Hauses voll Glorie" bemühen, und das sind nicht nur profilierungssüchtige Quertreiber oder ewig unzufriedene Nörgler.

Heute hoffe ich, dass der Stifter dieses Hauses diesen ehrlich Bemühten helfen wird, das Haus zu erneuern und die Hausordnung zu überarbeiten, und dass danach zwar nicht ein prachtvoll glänzendes „Haus voll Glorie", sondern eher ein „Haus voll Liebe" zu erkennen sein wird, in dem auch ich mich wieder heimisch fühlen werde (Berthold Graf).

Wer den Aufbruch des Glaubens wagt, kann sich manchmal vorkommen, als sei er in einen Irrgarten geraten. Manchmal erscheint ihm alles sinn- und ziellos. Der Weg zurück ist abgeschnitten, aber wohin der Weg zum Neuen, anderen führen soll, kann er nicht recht erkennen. Resignation macht sich breit, Mutlosigkeit kommt auf. Es hatte alles so schön begonnen. Mit so viel Zuversicht und Hoffnung. Und nun ...?

Anmerkungen

[68] K. Marti, Zum Beispiel Bern. Ein politisches Tagebuch, Darmstadt/ Neuwied 1973, 78.

[69] Zweites Vatikanisches Konzil, Dogmatische Konstitution „Dei Verbum", Art. 7.

[70] A. Exeler, Religiöse Erziehung in einer säkularisierten Gesellschaft, in: Katechetische Blätter 1973, 717–732; hier: 729.

3
Das Eigentliche suchen

Jesus war weder Priester noch Theologe im heutigen Sinn. Er hat weder kultische Feiern noch inhaltsschwere Vorträge gehalten. Statt dessen machte er den Alltag der kleinen Welt, in der er und seine Landsleute lebten, auf Gott hin transparent. Er wies sie auf das Eigentliche hin und brachte diese neue, andere Wirklichkeit in seinem Verhalten zum Ausdruck und in seinen Äußerungen zur Sprache. Und er wagte, sie an die Stelle dessen zu setzen, was seine Gegner für die Wirklichkeit und Wahrheit Gottes hielten.

Seinen Jüngern, die Zeugen dieses ungewohnten, befreiten und befreienden Glaubens wurden, erschien Gott auf ungewohnte Weise erfahrbar: in Jesus selbst. Jesus wurde für sie zum Immanuel, zum Gott-mit-uns.

Denn auch der Gott Jesu, Jahwe, den er „abba" (hebr. = lieber Vater) nannte, definiert sich nicht durch Tempel und Hohepriester, durch Dogmen und Katechismuswahrheiten. Jahwe ist nicht jenseitig-fern, sondern situationsbezogen-nahe. Der jüdische Religionsphilosoph MARTIN BUBER übersetzt darum den jüdischen Gottesnamen „Jahwe" so: „JHWH (= Jahwe) sagt, er werde zwar immer da sein, aber jeweils als der, als der er dann, jeweils, da sein werde. Er, der seine stete Gegenwart, seinen steten Beistand verspricht, weigert sich, sich auf bestimmte Erscheinungsformen festzulegen."[71]

KLEMENS TILMANN bringt einen einfachen, aber aufschlussreichen Vergleich, der den Vorgang dieses Suchens veranschaulicht:

„*Wenn du im Walde Wild sehen willst, darfst du nicht mit einem Moped kommen und kreuz und quer durch den Wald fahren; sonst wirst du gewiss keines zu Gesicht bekommen. Wenn man im Walde Wild sehen will, muss man vor allem still sein, leise gehen und ganz wach sein für alles, was auf das Wild hinweisen könnte. Man muss lauschen. Gut ist es ferner, wenn einem der Förster eine Stelle sagt, eine Waldwiese vielleicht, wo sie oft heraustreten. Dann muss man dort hingehen und geduldig und mit wacher Aufmerksamkeit warten. Trotz alledem kann man die Tiere nicht herbefehlen, aber vielleicht wird es einem geschenkt, dass man sie sieht. Eins ist jedenfalls klar: Wer erfahren will, dass wirklich Wild im Walde ist, muss sich ihm anpassen, muss sich auf das Wild einstellen,*

Ähnliches gilt für den Menschen, der danach fragt, ob Gott existiert. Wer fordernd ruft: ,Wo soll denn Gott sein? Beweise mir, dass es Gott gibt', der wird Gott nicht finden. Wer Gott finden will, muss ihn suchen. Dazu gehört zuerst, dass man auf ihn aufmerksam ist. Das kann man aber nicht sein, wenn man nur äußerlich und oberflächlich lebt und laut ist. Dafür muss man still werden und wach für ihn sein. Man muss lauschen, ob er vielleicht ein Zeichen gibt, und man muss Geduld haben. Man muss sich also Gott anpassen, wenn man ihn finden will. Auch kann man ihn nicht herbeizwingen. Es ist ein Geschenk, wenn wir ihn finden. Es gibt aber Stellen, wo sich Gott leichter finden lässt als sonst. Die sollte man kennen.

Noch ein Weiteres lehrt der Vergleich: Wer finden will, muss von dem Gesuchten eine Vorstellung haben. Wer Hirsche sehen will, muss von ihrer Gestalt und ihrem Verhalten etwas wissen. Stellt er sich unter ihnen Insekten vor, so geht er in die Irre. Und umgekehrt: Wer Ameisen sucht und sich dabei Tiere wie Hasen oder Rehe vorstellt, wird wohl keine finden. So muss auch der Mensch, wenn er nach Gott sucht, etwas davon wissen, wie die Wirklichkeit ist, der man begegnen könnte, und wie und wann das vielleicht geschieht.

Eins aber ist sicher: Es gibt zahllose Menschen, die Gott für keine Wirklichkeit hielten und später bekannt haben: Ich habe Gott gefunden. Das kann jedem Mut machen. Er weiß: Gott ist also wirklich. Es liegt an mir, wenn er mir so unwirklich ist."[72]

Glauben im Sinne und im Geiste Jesu heißt: die vorgegebene Situation, den gegenwärtigen Augenblick, die Gegenwart (das, was mir entgegen-wartet!) zu durch-schauen, transparent zu machen und darin den Anruf zu vernehmen, der mich unbedingt angeht. Das „Wort", das mich anfordert und in Ver-Antwortung nimmt – mich und niemand anderen, hier und jetzt und nicht irgendwann später. Und was geht mich unbedingt an? Ein Ereignis, das mich packt und aufrüttelt. Eine Begegnung, die sich mir tief einprägt und mich nicht mehr loslässt. Ein Mensch, der auf meine Hilfe wartet. Ein Angefochtener, der meine Zuwendung braucht, um wieder Mut zu schöpfen. Ein Einsamer, der durch meinen Besuch wieder Lebensfreude spüren kann. Ein Verzweifelter, der seinem Leben ein Ende setzen möchte und durch mein Wort der Hoffnung wieder Zutrauen gewinnt.

Glauben im Sinne Jesu heißt: Gott zum Zuge kommen lassen im Leben, ihm Handlungsspielraum gewähren im Alltag, ihm eine Basis verschaffen in der Situation. Jesus glaubte nicht an den Gott, der „an sich" *ist*, der (nur) *„existiert"* („droben überm Sternenzelt"), sondern an den Gott, der *handelt* – hier und jetzt, in dieser einmaligen, unwiederbringlichen Situation. Jede Wahrheit ist konkret. Erst recht ist es die Wahrheit Gottes.

Ein solcher Glaube wirkt befreiend, weil er einen Raum öffnet für alle und weil er Perspektiven aufzeigt zu einem gelungenen Leben.

Ich möchte nun Menschen zu Wort kommen lassen, die in ganz bestimmten Erfahrungen diese befreienden Aspekte des Glaubens neu entdeckt oder wiedergefunden haben.

3.1 Der Lebensweg als Labyrinth

Mit meinen Studenten habe ich manchmal eine Labyrinth-Meditation durchgeführt. Ein Labyrinth ist ursprünglich nicht aus der Vogelperspektive anzugehen, wie wir es in Büchern häufig abgedruckt finden. Labyrinthe sind vielmehr begehbare Anlagen, die sich im Mittelmeerraum (Kreta), in Frankreich und Skandinavien, im Fernen Osten oder in Mexiko finden. Labyrinthe sind aus kleinen Mauern oder Steinblöcken, aus Grasnarben oder Mosaikplatten gefügt und weisen ineinander verschlungene Wege auf. Sie sollen, wie jeder wirkliche Weg, eine Erfahrung vermitteln, die jener nicht machen kann, der einen solchen Weg nur „von oben herab" anschaut, statt ihn „unten" zu begehen.

Ich legte den Studierenden das schematisierte Labyrinth der Kathedrale von Chartres vor. Dieses Labyrinth, dessen Abbildung ich hier aufgenommen habe, hat einen Durchmesser von zwölfeinhalb Metern. Die darin angezeigte Wegstrecke misst 294 Meter.

Ich bat die Studenten, entweder von außen nach innen oder von innen nach außen darin „ihren" Lebensweg zu gehen. Sie sollten versuchen, markante Augenblicke, wichtige Wendepunkte, lang anhaltende Durststrecken, überraschende Entdeckungen, schwierige Entscheidungen, Umkehr und Neubeginn während ihres bisherigen Lebens darin zu „erkennen". Um sich besser konzentrieren zu können, sollten sie einen Bleistift in die Hand nehmen und sich selbst gleichsam in die Spitze hineinbegeben. Denn um die Erfahrungen des Vorwärtskommens, der Rückschritte und Umbrüche, die sich beim Abschreiten dieses Weges einstellen, zu machen, müssten sie das Labyrinth wie einen Text studieren. Sie müssten jede Windung, der sie mit dem Bleistift zu folgen haben, als eine aufgenötigte Richtungsänderung erleben, als überraschende Annäherung zur Mitte, die dann ebenso plötzlich wieder ganz an den äußersten Rand hinaus führt. Wenn ihnen ein leibhaftiges Begehen des Labyrinths nicht möglich sei, könnten sie es auf diese Weise wenigstens annähernd als bildlichen Ausdruck für ihren eigenen Weg begreifen und der Frage standhalten: Was wäre, wenn „der Weg des Lebens", auf dem ich unterwegs bin, nicht als eine gut markierte Straße zu denken ist, sondern als ein Irrgarten, als ein schier zielloses Hin und Her, Auf und Ab – eben als ein Labyrinth?

Weg zur Mitte (ins Labyrinth hinein)

Irgendwann bin ich ins Leben eingetreten. Durch eine enge Pforte. Der Weg führte zuerst einfach geradeaus. Ohne Probleme. Dann kam die erste Überraschung. Ich stieß an eine

Wand. Es ging plötzlich nicht mehr so weiter wie vorher. Der Weg war versperrt. Ich musste abbiegen. Dann lief es wieder gut. Allerdings nicht mehr schnurstracks geradeaus, sondern gebogen, geschwungen. Hier und da eine Kurve, daran gewöhnte ich mich langsam. Gerade Wege gab es offenbar nicht mehr. Ein bisschen unübersichtlich wurden sie. Aber es ging weiter. Bald musste ich das Zentrum erreicht haben. Noch eine Kehre – tatsächlich, da war sie. Aber sie führte in die entgegengesetzte Richtung. Sie brachte mich wieder weg von der Mitte, der ich mich schon so nahe glaubte. Vielleicht nur ein kurzer Umweg? Die Hoffnung ist trügerisch. Immer weiter weg geht es vom Zentrum. Ich beginne zu laufen. Ich verliere die Übersicht, es schwindelt mir.

Sollte ich vielleicht umkehren? Sollte ich dort, wo ich mich dem Ziel schon so nahe glaubte, ein Loch in die Mauer rammen, den Durchbruch wagen, mit dem Kopf durch die Wand rennen? Aber vielleicht hatte ich mich getäuscht? Vielleicht war ich dem Ziel gar nicht so nahe, wie ich meinte. Vielleicht hatte ich es mir nur eingebildet. Also weiter! Aber warum eigentlich? Was ist der Sinn dieses Umherirrens? Wer hat mich auf diesen Weg durch das Labyrinth geschickt? Wer hat diesen Irrgarten überhaupt für mich zusammengebastelt? Warum dieses unsinnige Hin und Her? Wer weiß, ob das wirklich mein Weg ist! Wer sagt mir, ob die Richtung stimmt?

Habe ich vielleicht eine Gabelung verpasst? Aber ich habe gar keine Abzweigung bemerkt. Irgendwann, ziemlich am Anfang meines Weges – ich erinnere mich jetzt –, hat man mir einmal gesagt, Gott sei Sinn und Ziel meines Lebens. Hat Er dieses seltsame Labyrinth meines Lebens geschaffen? Was wollte Er damit erreichen? Mir klarmachen, dass das Leben schwierig und kompliziert, verzweigt und verästelt ist, dass es kaum Wege gibt, die geradlinig verlaufen, sondern dass die meisten verschlungen, gewunden, gekrümmt, mit vielen Kehren bestückt sind? Oder will Er mich gar in Verwirrung bringen, um mich am Ende mit herablassender Großmut aus meiner Angst und Verzweiflung zu be-

106

freien? Um sich als der „liebe Gott" aufzuspielen? Nein, solche Gedanken nicht aufkommen lassen!

Weiter, trotz sinnloser, nicht enden wollender Rennerei! Jetzt bin ich fast wieder dort angelangt, wo ich am Anfang war. Soll ich überhaupt noch weitermachen? Wer sagt mir denn, ob ich mein Ziel jemals erreichen werde? Und was ist das Ziel eigentlich? Was erwartet mich dort am Ende? Gott? Der Sturz in den Abgrund? Das totale Dunkel? Das Nichts? Das ewige Aus?

Da ist die letzte Kehre! Jetzt geht es wieder schnurstracks geradeaus, der Mitte, dem Ziel entgegen. Was kommt jetzt auf mich zu? Ich weiß es nicht. Ich vertraue dem Psalmisten: „Geht hin und schaut die Werke des Herrn, der Erstaunliches geschaffen auf Erden! Eines Stromes Arme erfreuen die Gottesstadt, die heiligste der Wohnungen des Höchsten. Gott ist in ihrer Mitte" (Psalm 46,9. 5. 6).

Aufbruch aus der Verschlossenheit (aus dem Labyrinth heraus)

Ich habe mich schön eingerichtet in meinem Inneren, in den behaglichen Winkeln meines kleinen, überschaubaren Ich. Einen dicken Panzer habe ich um mich gelegt. Er schützt mich vor der rauhen Außenwelt. Nichts sagen, nichts hören, nichts erfahren. Was kümmert mich die garstige Welt draußen! Ich fühle mich wohl in meinem Gehäuse. Ein bisschen eng ist es ja. Die Luft ist verbraucht. Ein Fenster sollte man öffnen können. Der Horizont reicht auch nicht gerade weit. Aber ich habe meine Ruhe, ich bin ungestört, ich werde nicht belästigt.

Rief da nicht jemand? Irgendwoher kam eine Stimme. Aber wer sollte schon durch die dicken Mauern hindurch mich anrufen. Da – wieder! Es muss von außen kommen. Doch wer kann das sein? Wer hat mich in meinem Versteck aufgespürt? Wer konnte durch die dicke Haut meines Ich hindurchdringen? Wieder der Ruf! Fast fordernd, unnachgiebig, zwingend. Es scheint mich anzugehen. Es scheint mich zu betreffen. Zögernd erhebe ich mich, mache mich vorsichtig auf den Weg. Zuerst geht es geradeaus. Dann kommt eine Kehre. Langsam wird es dunkel. Und immer wieder der Ruf. Ich taste mich weiter. Die nächste Kehre – wieder geradeaus – wieder eine Kehre. Ein verdammt langer Weg. Wenn nur dieser Ruf nicht wäre! Zwar leise und fast überhörbar, aber deshalb nicht weniger machtvoll und gebieterisch zieht er mich vorwärts. Ich kann einfach nicht kehrtmachen. Ich hätte gar nicht erst aufbrechen sollen! Aber jetzt ist es zu spät. Jetzt muss ich weiter.

Auf einmal höre ich nichts mehr. Kein Laut dringt mehr an mein Ohr. Habe ich mir vielleicht von vornherein das Ganze nur eingebildet? Bin ich einer Halluzination aufgesessen? Das soll ja vorkommen, dass einer „Stimmen" zu vernehmen meint. Aber jetzt bin ich neugierig geworden. Jetzt möchte ich der Sache auf den Grund gehen. Jetzt lässt sie mich nicht mehr los. Ich taste mich weiter. Schweigen. Soll ich doch umdrehen? Soll ich stehen bleiben und erst einmal abwarten?

Da ist er wieder, der Ruf. Meinen Namen habe ich sogar gehört. Ganz deutlich. Also weiter! Schneller. Der Stimme nach. Um die Ecken und Winkel herum, um die Kurven und Kehren. Weiter, immer weiter! Schon spüre ich einen belebenden, frischen Wind. Das griechische Wort dafür fällt mir ein: Pneuma. Und da sehe ich auch ein Licht. Licht, das in der Finsternis leuchtet. Schwach zwar noch, aber deutlich wahrnehmbar. Ich laufe, ich renne, ich stürze vorwärts. Werde ich jetzt dem begegnen, der mich gerufen hat? Und wie wird er mich empfangen? Wird er mir Vorhaltungen machen, dass ich mich so lange verschlossen hielt, dass ich auf seinen Ruf so zögernd reagiert habe? Oder wird er mich in die Arme schließen: Endlich bist du da!?

3.2 Schlafende Drachen

Lange Autofahrten waren für mich als Kind eine langweilige An-
gelegenheit. Städtenamen, Himmelsrichtungen, Autobahnnum-
mern – das alles interessierte mich nicht sonderlich.

Es blieb mir also nichts anderes übrig, als mir die Gegend an-
zuschauen; allerdings hatte ich auch für die Schönheit der Land-
schaften, die wir passierten, an sich wenig Sinn.

Aus der Not heraus erfand ich ein Spiel: Ich suchte in den
vorüberziehenden Landschaften neue Gestalten. Als besonders
ergiebig erwiesen sich dabei bergige Gebiete: Wenn ich sie nur
lange und intensiv genug anschaute, nahm ich die Berge irgend-
wann nicht mehr als solche wahr, sondern erblickte in ihnen die
reglosen Körper riesiger, vor Urzeiten eingeschlafener Drachen!

Zusammengerollt oder auch ausgestreckt lagen sie da, vom Moos
der Zeit überwuchert, mit mächtigen Rücken, zerklüfteten Pan-
zern, die Augen geschlossen und die sanft auslaufende Schnau-
zenspitze friedlich zwischen den mächtigen Pranken.

Natürlich waren es freundliche schlafende Drachen, die meine
Fantasie da in meine kindliche Wirklichkeit rief. Sie würden,
wenn sie eines Tages aufwachten, zwar die Erde beben machen,
doch dabei keinen Schaden anrichten. So machten meine Dra-
chen die ansonsten für mich denkbar langweiligen Autofahrten
doch noch zu spannenden und kurzweiligen Erlebnissen.

Mit zunehmendem Alter jedoch vergisst man solche unnützen,
da unrealistischen Spiele; man lernt, dass es wesentlich sinnvoller
ist, endlich die Geographie der näheren und weiteren Umgebung
zu lernen. Und so schwor auch ich im Zuge des Erwachsenwer-
dens den schlafenden Drachen zugunsten einer nüchtern-sachli-
chen Betrachtungsweise von Landschaften und damit auch der
Wirklichkeit ab. Jahre später jedoch – ich machte gerade mein
Referendariat als Grundschullehrerin – sollte ich ihnen auf fol-
gende Weise wieder begegnen:

*Aus privaten Gründen fuhr ich eine gewisse Zeit lang regel-
mäßig mit dem Zug nach Köln – entlang der wunderschönen
Rheinstrecke. Ich las gerade „Das dritte Auge" von* HUBERTUS
HALBFAS, *ein Standardwerk der Religionsdidaktik, in dem der
Autor eindringlich dazu ermuntert und ermahnt, Kindern religiöse Erfahrungen zu vermitteln, ihren Blick für „das Wesentliche" zu schulen, sie „hinter die Dinge" schauen zu lassen.
Schön und gut, dachte ich. Aber wie vermittelt man religiöse Erfahrungen, wenn man selber gar nicht so genau weiß, was das
überhaupt ist? Wo war denn mein Damaskus-Erlebnis, das mein
Leben umkrempelte? Wo tauchte Gott in meinem Leben auf,
nicht „nur" theoretisch im Studium (was ja auch durchaus span-
nend war!), sondern eben praktisch, im Alltag? Solche und ähnliche Fragen ließen mich ziemlich unzufrieden meiner Zukunft als
Religionslehrerin entgegensehen.*

*Da fiel mein Blick aus dem Fenster: Herrlicher Sonnenschein
und ein makellos blauer Himmel ließen die wunderschönen
Berge und Hügel des Rheintales in herbstlicher Pracht erstrahlen.
Und während ich so gedankenverloren aus dem Fenster schaute,
sah ich sie mit einem Male wieder, die schlafenden Drachen!
Überall entdeckte ich sie plötzlich: faul ausgestreckt, in einen
ewigen Schlummer verfallen. Was sich bei diesem „Wiedersehen"
in mir vollzog, ist kaum in Worte zu fassen! Auf welchen „Got-
teserweis", welchen Donnerschlag wartete ich eigentlich? Unwillkürlich begann ich, innerlich laut und froh zu lachen, weil ich
gewahr wurde, dass sich da eine Erfahrung und Erkenntnis ganz
eigener Art anbahnte. Ich trieb mein altes Spiel auf die Spitze,
indem ich nun daran ging, meine Drachen in meiner Vorstellung
gleichsam von oben zu betrachten und mit ihnen den daran entlang ratternden Zug, in dem ich saß. Immer kleiner und unbe-
deutender wurde letzterer und immer klarer trat aus dem Ge-
samtbild, das vor meinem inneren Auge entstand, so etwas wie
das Gesicht der Erde hervor, die so erhaben und mit solch unend-
licher Geduld und stiller Gutmütigkeit alle tastenden Versuche*

des Menschen erträgt, ihrer Herr zu werden. Gefühle wie Freude und Ehrfurcht stiegen bei diesem Anblick in mir auf.

Nun mag sich mancher fragen: Was hat diese nette Episode bloß mit „Glauben im Alltag" zu tun? Natürlich: In Bergen „schlafende Drachen" zu sehen ist auf den ersten Blick keine religiöse Erfahrung. Es ist auch eigentlich nichts Besonderes. (Und das ist es ja gerade: Ich musste mich von der Vorstellung freimachen, religiöse Erfahrungen seien etwas Abgehobenes, ein übernatürlicher Eingriff mit Blitz und Donner oder Pauken und Trompeten.) Dennoch war die Wiederentdeckung meiner Drachen bezogen auf mein Leben eben doch etwas Besonderes, da mit einem Vorgang verbunden, den ich als wichtigen Impuls für meine religiöse Sensibilität ansehe. Ich möchte es gleichsam als „Aufwachen" bezeichnen: Die „Drachen" machten mir nicht nur diese Bahnfahrt am Rhein zu einem unterhaltsamen Vergnügen; das wäre ein bloßer Rückfall in kindliche Naivität und von keiner bleibenden Bedeutung gewesen. Vielmehr lehrten mich meine Drachen, dass man die „Welt" auch mit „anderen Augen" sehen kann, ja manchmal muss! Sie ließen mich für kurze Zeit meine eigene kleine Existenz vergessen oder überwinden und schärften mein Gespür und Bewusstsein für das „größere Ganze", in das wir eingebunden sind. Zu Erfahrungen, die ähnliche Eindrücke in uns hinterlassen können, wenn wir es zulassen, gehört z. B. das staunende Wahrnehmen des Sternenhimmels oder des Meeres, eigentlich aller, auch der kleinsten (Natur-)Erscheinungen, wenn wir uns ihnen nur ganz und bewusst hingeben.

Durch solche Erfahrungen entdeckte ich nach und nach wieder, was lange von übermäßigem Realitätssinn und einem zu sehr dem Materiellen verpflichteten Denken verschüttet worden war: Wer es gelernt hat, auch einmal von sich und seiner eigenen Person, aber auch einer einseitig verzweckten Denkweise abzusehen, die Dinge „von oben" oder aus einer anderen, aber eben nicht der gewohnten Perspektive zu betrachten, sowohl die kleinen Wunder am Wegesrand als auch atemberaubende, große Zusam-

*menhänge der Natur wahrzunehmen, der kann verspüren, dass
das Leben, der sich uns in unserer Lebenszeit präsentierende
Raum mit all seinen Möglichkeiten ein selbstloses, wunderbares
Geschenk, letztlich aber ein unermessliches Geheimnis ist, das es
in vielerlei Facetten und Gesichtern zu bestaunen und zu ergrün-
den gilt; ein Geheimnis, das sich nicht zerreden, letztgültig analy-
sieren, auf den Punkt bringen lässt, sondern sich immer wieder
anders zeigt, immer wieder neu gebiert; ein Geheimnis, das so
umfassend ist, dass es wirklich alles, sogar den Tod umfasst, in
sich einschließt und birgt und nicht etwa von ihm beendet wird.
Und das Wunderbare daran ist, dass die Möglichkeit zur Wahrnehmung dieses Geheimnisses, der Glaube nennt es „Gott",
nicht an äußere Einflüsse gebunden ist, sondern in uns selbst
liegt, von uns nur entdeckt und gepflegt werden muss!*

*Eine tröstliche Ahnung davon, dass dieses große Geheimnis
alles in allem ist und trägt, erwarb ich durch ein anderes Erlebnis. Es ist vom äußeren Erscheinungsbild her ebenso bescheiden
wie die „schlafenden Drachen" und hat folgenden Hintergrund:*

*Schon immer liebte ich es, authentische Zeugen der Vergan-
genheit zu besuchen, seien es alte Bauernstuben, Museen oder
Schlösser mit originalgetreuer Einrichtung. Dabei versuchte ich
mit Vorliebe, Stimmungen oder so etwas wie ein Lebensgefühl
nachzuvollziehen, die in diesen Umgebungen geherrscht haben
könnten. Diese meine Leidenschaft für den „Hauch der Geschichte" übertrug ich auch auf das Betrachten alter Fotos, vor-
zugsweise Familienfotos aus dem schier unerschöpflichen Wohn-
zimmerschrank meiner Oma. Schon bald war ich in der Lage, die
auf den Schwarzweiß-Fotos abgebildeten Vorfahren und sons-
tigen Verwandten eindeutig zu benennen und ihre Verwandt-
schaftsbeziehungen untereinander nachzuvollziehen.*

*Vor einiger Zeit war es wieder einmal so weit: Einen Besuch
bei meiner Oma nutzte ich zum ausgiebigen Stöbern in den alten
Fotokisten. Irgendwann kam mir dabei ein Bild aus den 1920er-
Jahren in die Hände. Es zeigt meine Oma als Kleinkind, zusam-*

men mit ihrer kleinen Schwester, ihren Eltern und Großeltern und einigen weiteren Verwandten. Nicht weiter aufregend, sollte man meinen. Und dennoch: Das Bild zog mich in unbeschreiblicher Weise an. Es dauerte eine ganze Weile, bis ich erkannte, worin seine Faszination lag: Es war meine Urgroßmutter, auf dem Bild etwa 30 Jahre alt, ihr jüngstes Kind auf dem Schoß. Das Besondere war: Sie schaute mich direkt an, und zwar anders, lebendiger, persönlicher als die anderen Personen, die zum größten Teil auch in die Kamera blickten, dabei aber in mir keinerlei Reaktion hervorriefen! In ihrem Blick jedoch lag eine Frische, eine Liebe und eine Hoffnung, die mich – trotz der Distanz von fast 80 Jahren – aufs Innigste mit dieser Urgroßmutter verband, deren spätere, von Krankheit und Leid nicht verschonte Lebensgeschichte ich schon kannte. Ich empfand eine tiefe Zuneigung, ja eine Art schwesterlicher Verbundenheit mit dieser jungen Frau, die ich nie gekannt habe und die mir von anderen Bildern hauptsächlich als alte, verhärmte und vom Leben gezeichnete alte Frau bekannt gewesen war. Dies war für mich eine religiöse Sternstunde, weil sie mir zum Bild und Gleichnis für einen bedeutenden Aspekt im Wesen des Menschen wurde: Es wurde mir bewusst, dass ein Mensch nie nur das aktuelle Erscheinungsbild ist, das wir gerade von ihm wahrnehmen, sondern dass er eine Geschichte hat, die ihn nicht nur so hat werden lassen, wie er ist, sondern auch in irgendeiner Weise in ihm steckt und lebendig bleibt! Und so ist der Mensch, wenn er stirbt, eben auch nicht bloß ein altes, abgenutztes „Endprodukt", sondern ein einzigartiger Beziehungs- und Erfahrungsbrennpunkt, der sein Leben in der ihm eigenen Weise gelebt und gestaltet und zu einem unverwechselbaren Stück menschlicher Geschichte gemacht hat.

Verbunden mit der zuvor beschriebenen Erfahrung, dass alles Leben letztlich eingebunden ist in ein stets größeres Geheimnis, empfand und empfinde ich immer wieder beim Betrachten dieses alten Fotos die freudige und tröstliche Ahnung, dass es in gewisser Weise wirklich meine Urgroßmutter ist, die mich da so gegen-

wärtig und kraftvoll anschaut, eben weil sie mit ihrer ganzen bewegten Lebensgeschichte, mit all ihren Freuden und Leiden, Hoffnungen und Befürchtungen, aufgehoben ist und getragen wird von dem einen großen Geheimnis des Lebens, das mich gerade in kleinen und unbedeutend erscheinenden Episoden immer wieder fasziniert und letztlich nur schweigend staunen lässt (Michaela Schulze).

Ich selbst habe in der Natur und mit der Natur ähnliche Erfahrungen gemacht. Vor allem in den Bergen. Und hier wieder besonders in den Alpen.[73] Im Berg hebt sich die Erde dem Himmel entgegen. Nach alter indischer Weisheit steigen Götter, wenn sie zur Erde kommen, nie tiefer herab als bis zum Berggipfel. Die in die Wolken hineinragende Bergspitze ist darum bevorzugter Wohnsitz der Götter. Wer in ihre Nähe kommen will, muss hinaufsteigen. Berge sind Orte der Begegnung mit dem Heiligen.

Für den aufgeklärten Mitteleuropäer besitzen die Berge „nur" noch Symbol-Charakter. Je größer und gewaltiger der Berg ist, desto bedrohlicher wird es, sich ihm zu nähern und ihn zu besteigen. Wer es dennoch versucht, begibt sich in Gefahr. Je höher und je steiler der Gipfel ist, desto mehr Kraft und Ausdauer verlangt es, ihn zu erreichen. Je zackiger und zerklüfteter der Grat ist, desto größere Vorsicht und Umsicht sind geboten. Der mühsame und gefahrvolle Aufstieg wird zum Gleichnis für den Lebensweg des Menschen. Für seine Neugier, Unentdecktes zu entdecken und Neuland zu betreten. Für die Versuchung, die eigenen Grenzen zu überschreiten. Für sein Streben, nach oben zu kommen, und für die vielfachen Hindernisse und Widrigkeiten, die sich ihm dabei entgegenstellen. Für die ständige Bedrohung, vom Wege abzukommen, sich zu verirren, abzustürzen.

Doch darüber hinaus können Berge auch dem Heutigen zum Gleichnis werden für das Unbegreifliche und Rätselhafte, für das Unnahbare und Unfassliche, für das Unbedingte und Unverfügbare, für das Große und Erhabene. Auch wenn sie bei flüchtigem Hinschauen und kurzfristiger Beobachtung wie unwandelbar ewig und tot erscheinen, atmen und pulsieren sie doch voller Leben. Sie wachsen und zerfallen in Jahrhunderten, Jahrtausenden, Jahrmillionen. Aber sie sind kein immergleiches, unveränderliches und unbewegtes Einerlei. Täglich, stündlich, von Minute zu Minute sammeln sie unsichtbare Kräfte aus ihrer Umgebung: die Kräfte der Luft, des Wassers, der Elektrizität und des Magnetismus; durch sie entstehen Wolken und Winde, Gewitter und Regen, Wasserfälle und Flüsse. Sie füllen ihre Umgebung mit tätigem Leben und bieten unzähligen Wesen Nahrung und Schutz. So habe ich die Berge angeschaut. So haben sie mir ihr Geheimnis geoffenbart. So haben sie mir ihr Eigentliches, ihre Wahrheit und Schönheit erschlossen. Ich kann ein Wort des von mir hochgeschätzten früheren Bischofs von Innsbruck, REINHOLD STECHER, nur bestätigen: „Viele Wege führen zu Gott, einer geht über die Berge."

3.3 Wandernd das Geheimnis erfahren

Auf vielen Wegen bin ich in den Alpen gewandert. Häufig allein. Von Hütte zu Hütte. In ständiger Zwiesprache mit der Landschaft. Mit den Bergen und Tälern, mit den Steinen und Felsen ringsum. Mit dem blauen Himmel oder den grauen Wolken über mir. Mit dem gestrengen Wind, der mir ins Gesicht blies. Mit den schüchternen, farbenfrohen Blumen am Wegesrand. Mit den kleinen anmutigen Seen, die mich mit ihren tiefschwarzen Augen anblickten und zum Verweilen einluden. Mit den neugierigen Murmeltieren, die mich kritisch musterten und, wenn ich ihnen zu nahe kam, pfeifend in ihrem Bau verschwanden. Mit den munteren Gemsen, die scheinbar schwerelos über abschüssige Steinhalden turnten. Mit den würdevollen Steinböcken, die auch an steilsten Felswänden mit traumwandlerischer Sicherheit entlangzu-

*schreiten schienen. Einmal mit einem leibhaftigen Adler, der hoch
über mir in majestätischer Ruhe seine Kreise zog.*

*Mir sind die Alpen zum Ort der Glaubenserfahrung geworden.
Ich muss gestehen: mehr als Riten und Rituale der Kirche, mehr
als Feiern und Feste, mehr als korrekt vollzogene Gottesdienste
und überkommene Liturgien. Weil ich hier dem Großen und Erhabenen rein und ungetrübt begegnen durfte. Weil sich nicht
menschliches Unvermögen und allzumenschliche Sucht nach
Selbstdarstellung darein mischten.*

*Immer wieder fühlte ich mich berührt und angezogen von
etwas Unsagbarem und Unaussprechlichem, das mich aus den
Dingen und durch die Dinge ansprach … spürte ich die Faszination von etwas Anderem, ganz Anderem, das sich hinter dem vordergründig Wahrgenommenen verbirgt und gleichzeitig darin
offenbar wird … schien es mir, als begegne ich einer rätselhaften
Urkraft des Kosmos, die alles trägt und alles durchwaltet …
glaubte ich, etwas erahnen zu können von der Erhabenheit und
Größe eines absolut wirkenden Geheimnisses, das ich von
Jugend an sehnsüchtig suchte und das sich mir, wenn überhaupt,
nur zögernd und ansatzweise zu erschließen schien.*

*Die Alpen sind für mich ein Zeichen der Nähe Gottes, ein
Sakrament. Denn sie offenbaren das Heilige, rufen in Erinnerung
sein Walten und Wirken, liefern Hinweise auf seine Macht und
Größe, verweisen auf Horizonte, die jenseits aller irdischen
Grenzen liegen. Sie spenden aber auch Kraft und Heilung, Stärke
und Ausdauer, Lebensmut und Zuversicht. Sie verbinden mich
mit dem Ersten und Letzten, mit dem Höchsten und Tiefsten, mit
dem Ursprünglichen und Eigentlichen.*

*Ich habe es genossen, dieses Wandern, dieses Atmen in kräftig-
würziger Luft, dieses Spiel der Wolken mit der Sonne, diesen
Wechsel von Licht und Schatten, diese Ausgesetztheit in einer
großen Landschaft. Beim aufrecht-stetigen Schreiten kommen
Leib und Seele zur Ruhe. Schreiten heißt: „Unendlichkeit in der
Gegenwart bewegen.“*[74] *Ein körperlich-geistiges Gleichgewicht*

stellt sich ein. Die äußere und innere Wahrnehmung gewinnt an Intensität und Klarheit. Das ruhige Gleichmaß der Schritte lässt den Menschen zu sich selbst, zu seiner Mitte kommen. Es schenkt ihm das Gefühl von Harmonie und Ordnung. Es gibt ihm die beruhigende Gewissheit, nicht überfordert zu sein und bis zum Ende durchhalten zu können. Noch mehr schenkt es ihm die Zuversicht, mit den ihm gegebenen Kräften das gesteckte oder gesetzte Ziel zu erreichen.

Ich habe sie auch genossen, diese beglückend-schweißtreibenden Anstiege und die Knochen und Gelenke strapazierenden Abstiege. Und schließlich das dankbare Ankommen in der bergenden Hütte nach langem, seligem Marsch.

PETER HANDKE hat in seinem Märchen-Roman „Die Abwesenheit" geradezu einen Hymnus auf das Gehen geschrieben: „Nur der Geher holt sich ein und kommt zu sich. Nur was der Geher denkt, gilt ... Das Gehen ist das freieste Spiel ... Der Segen des Orts ist ein Gehsegen. O mein unsterblicher Appetit auf das Gehen, auf das Zum-Ort-Hinausgehen, auf das Ewig-so-Weitergehen."[75] *So bin ich, in „unsterblichem Appetit auf das Gehen", durch die Natur gewandert. So habe ich ihren „Gehsegen" erfahren.*

Auch der biblische Gott ist ein Wege-Gott, der „unterwegs" zu finden ist. Ein Gott, der „sein" Volk, „seine" Erwählten zum Aufbruch treibt, damit sie ihn auf ihrer Wanderschaft finden. In seinen Ursprungssituationen begegnet Israel seinem Gott „Jahwe", dem „Ich-bin-da", nicht in der Abgeschlossenheit eines festen Raumes, sondern „unterwegs", draußen, gelegentlich, da oder dort. Abraham wird aufgefordert, seinen festen Wohnsitz, seine Geborgenheit in Vaterland, Sippe und Großfamilie aufzugeben und sich auf ein risikoreiches „Wandern vor Gott" (Genesis 17,1) einzulassen. Mose und seine Anhänger erfahren die Herrlichkeit Jahwes erst nach wagemutigem Aufbruch aus zwar unfreier, aber doch einigermaßen gesicherter Existenz (Exodus 12,31. 51; 16,3). Jakob begegnet dem Geheimnis Gottes nicht im

117

*selbstverständlichen, ungefährlichen Übergang von einem Ufer
des Flusses zum anderen, sondern im nächtlichen, bis zur Mor-
genröte andauernden Ringen mit widerborstigen Kräften (Genesis 32,23−31). Elija darf das „Vorübergehen Jahwes" erst nach
langer beschwerlicher Wanderung zum „Gottesberg Horeb" erfahren und auch dort nicht gleich in machtvollen Zeichen und
Wundern, sondern erst nach geduldigem Warten und Ausschau-
halten „in einer Stimme verschwebenden Schweigens" (1 Könige
19,1−15).*

*Wer oder was „Jahwe" ist, lehrt das Ereignis, die Herausforde-
rung durch den Augenblick, das Aufgebrochensein durch die
Situation, das Wahrnehmen des Vorübergehenden. Wer Jahwe,
dem „Ich-bin-da" begegnen will, darf sich nicht ekstatisch oder
denkerisch aus dieser Welt hinaus- oder über diese Welt hinweg-
bewegen. Er darf auch nicht grübelnd und tiefsinnig im stillen
Kämmerlein hocken bleiben. Wer Gott erfahren will, muss mit
Auge und Ohr, mit Kopf und Herz, mit Willen und Verstand
diese Welt wahr-nehmen und sich ihrem An-Spruch öffnen.*

Doch nicht nur die Schönheit der Welt, auch ihre „Kehrseite"
können zu Orten tiefgreifender Erfahrungen werden. Nicht nur
die Licht-, sondern auch die Schattenseiten des Daseins können
zum Wiedergewinnen des Glaubens führen. Hier sind vor allem
Krankheiten zu nennen. Nicht selten bieten sie eine sonst kaum
sich zeigende Gelegenheit, im raschen Lauf des Lebens eine Be-
sinnungspause einzulegen, innezuhalten und nachdenklich zu
werden. Wenn die Schmerzen erträglich und die Angst vor dem,
was kommen wird, nicht allzu groß ist, geben sie die Möglichkeit, sich auch über die Frage Gedanken zu machen, was die
Krankheit für die Existenz und das Leben des Menschen bedeutet.

3.4 Krankheit durchstehen

Ein Priester, der mich bat, seinen Namen nicht zu nennen, schrieb mir, wie für ihn eine schwere Krankheit zur Glaubenserfahrung wurde.

Es werde eine schwere Operation sein, hatte der Chirurg gesagt. Sie werde etwa 5 Stunden dauern. Und der Anästhesist hatte hinzugefügt, er müsse „volle Ausstattung" anwenden, eine oder mehrere Bluttransfusionen seien wohl auch erforderlich. Eine Eigenblutspende sei nicht mehr möglich. Sonst müsste ich vier Wochen warten. Aber die Operation dürfe nicht hinausgezögert werden.

Nun war es also soweit! Morgen früh um 7.30 Uhr würde man mich aus dem Krankenzimmer abholen und in den OP-Saal bringen. Noch 12 Stunden Zeit bis dahin – eine lange, bange Nacht.

Heimlich begann eine entsetzliche Angst in mir aufzusteigen und sich in meinem Inneren breit zu machen – Angst vor dem Unbekannten, Angst vor dem Versinken in die Bewusstlosigkeit, Angst vor dem möglichen Nicht-mehr-Erwachen, Angst vor den Folgen. Angst, Angst, Angst ...

Der Arzt hatte gesagt, was genau zu tun sei, könne erst entschieden werden, wenn die Bauchdecke geöffnet und das befallene Organ sichtbar sei. Vielleicht war alles noch viel schlimmer, als es ohnehin schon war? Vielleicht – hoffentlich! – aber auch nicht? Angst vor der Ungewissheit ...

Mein Leben lang war ich kaum ernsthaft krank gewesen. Ich hatte gemeint, ein kerngesunder Mensch zu sein. Schließlich hatte ich mich auch darum bemüht: bescheiden leben, gesunde, ballastreiche Kost, viel Gemüse, Obst, Fisch, kein Nikotin, wenig Alkohol (Wein soll ja sogar gesund sein), viel Sport und Bewegung an der frischen Luft.

Und nun diese Diagnose: Krebs! Gewiss, die bisherigen Untersuchungen hatten ergeben, dass noch keine Metastasen vorhanden waren. Die Chancen auf wirkliche Heilung standen günstig. Die Operation war schon häufig mit Erfolg durchgeführt worden. Ich befand mich in einer Klinik, die einen sehr guten Ruf hatte. Ein bekannter Professor sollte den Eingriff vornehmen. Aber es könnte ja sein, dass ... – Todesangst begann aufzukommen.

Etwas zaghaft meldete sich der Glaube zu Wort: „Du bist geborgen in Gottes Hand." Ach ja, das hatte ich manchmal gesagt – zu anderen. Das hatte ich auch zu glauben versucht – mit dem Kopf. Aber jetzt schien es mir, als hätten mich diese Hände losgelassen und ich würde in ein tiefes, dunkles Loch, in einen unheimlichen Abgrund, ins bodenlose Nichts fallen. Die Angst war übermächtig. Mächtiger als der Glaube. Mächtiger als das Vertrauen auf Gott. Mein Gott, warum hast du mich verlassen?

Man stellte mir Schlaftabletten auf den Nachttisch. Aber ich nahm sie nicht. Ich wollte versuchen, die Angst der Nacht zu bestehen ohne künstliche Beruhigungs- oder Betäubungsmittel. Ich wollte das Aufbäumen der Natur nicht unterdrücken. Ich wollte das Aufbegehren des Lebenswillens nicht zum Schweigen bringen. Ich wollte erfahren, welche Kraft der Glaube dagegenhalten kann. – Irgendwann muss ich eingeschlafen sein.

Aber schon nach kurzer Zeit war ich wieder munter. Die Angst hatte mich wachgerüttelt. Alle Gedanken, die ich schon x-mal hin und her gewälzt hatte, begannen wieder zu kreisen. Wie die Wellen des Meeres, aus dem unergründlichen Ozean kommend, unermüdlich gegen eine Sandburg am Strand anlaufen, so brandeten die vielfachen Ängste aus der Tiefe, aus dem Unbewussten, aus dem Animalischen gegen die „feste" Burg meines Glaubens. Würde sie standhalten? War mein Glaube tatsächlich nur auf Sand gebaut? Mir kam der Gedanke, dass Wasser, Wellen und Sand Geschöpfe sind, dass sie von Gott kommen. Die „Glaubensburg" war mein Werk. Hatte es noch einen Sinn, damit den drohenden Wogen trotzen zu wollen? Sollte ich die Festung räumen und mich schlicht und einfach dem Spiel der Wellen ergeben? Sollte ich meinen aussichtslosen Widerstand aufgeben und mich dem Anbranden der Angst überlassen – in dem Bewusstsein, dass die Angst zum Geschöpflichen gehört? Dass sie existentiell-bedrängender Ausdruck der Enge und Begrenztheit des menschlichen Lebens ist? Ein Fingerzeig des Schöpfers? Gesundheit, Leben, Wohlergehen mögen die „göttliche" Seite des Menschen widerspiegeln, die Angst eher die „geschöpfliche" Seite. Beide kommen von Gott. Sich in die Angst ergeben hieße dann: sich in Gott ergeben. Die Angst zuzulassen hieße: Gott zuzulassen. – Irgendwann schlummerte ich wieder ein.

Als ich erwachte, ging alles sehr schnell. Eine junge Schwester kam, um den Blutdruck zu messen. Eine Beruhigungsspritze. Abtransport in den OP-Saal. Dort liebevoll-sorgende Begrüßung: „Ich bin Schwester Elfriede. Sind Sie aufgeregt?" – „Ja sicher!" – „Das ist normal." Freundliche Gesichter beugten sich über mich ...

Als ich aus der Narkose wie aus einem bleiernen Schlaf erwachte, stand der Arzt vor mir: „Die Operation ist gut verlaufen."

In den folgenden Tagen bis zu meiner Entlassung aus dem Krankenhaus (und darüber hinaus!) besaß ich Zeit zum Nachdenken. Ich hatte nun am eigenen Leib erfahren müssen (gewusst hatte ich es selbstverständlich schon immer!), dass der Mensch ein endliches und schwaches Wesen ist. Täglich und stündlich stößt er an die Grenzen seiner physischen und psychischen Kräfte. Bei schwerer Krankheit gelangt er gar an den Rand seiner Existenz. Er fühlt die Nähe und die Kälte des Todes.

Der Gläubige wird gefordert in seinem Glauben. Er muss zeigen, wie aufrichtig und wie ehrlich er es mit seinem Christsein gemeint hat, wie tief verankert seine Treue zu Gott war und ist. Der Ungläubige (oder jener, der sich dafür hält bzw. dafür gehalten wird) wird vor die Frage gestellt, was ihn eigentlich bisher in sei-

nem Leben getragen hat. Ob es „etwas" gibt, dass ihn über sich selbst hinausträgt, auch vielleicht über den Tod hinaus. Eine schwere Krankheit ist dazu angetan, von jeder Form der Selbstherrlichkeit und der Selbstgenügsamkeit Abschied zu nehmen. Der Mensch wird auf seine Kreatürlichkeit zurückgeworfen und gezwungen, sie anzunehmen. Mit einem Mal ist er nicht mehr Herr aller Dinge. Nicht er selbst verfügt, sondern „es" wird über ihn verfügt. Eine solche Grenzerfahrung kann offen und weit machen. Sie kann über die bloße Diesseitigkeit hinausweisen und erkennen lassen, wie brüchig und vorläufig das bisher für so absolut gehaltene irdische Leben ist. Eine schwere Krankheit lässt die Form eines Daseins ahnen, das nicht weniger, sondern ungleich mehr ist als unsere Diesseitigkeit.

Eine weitere Einsicht lehrt die Krankheit: Ich bin auf andere angewiesen. Ich kann nicht alles selbst machen und tun. Ich brauche Menschen, die sich um mich kümmern, die mir beistehen (manchmal wortwörtlich!), die mir helfen in meiner körperlichen und seelischen Schwäche, die nicht allein mit körperlichen Schmerzen, sondern häufig auch mit Trauer und Depression verbunden ist. Ich erfahre meine Grenzen, meine Endlichkeit, die mich zugleich offen und bereit macht, Hilfe, Zuwendung und Liebe zu empfangen. Das Dasein des Menschen ist ein Dasein im Empfangen. RAINER MARIA RILKE hat einmal gesagt, dass Empfangen das höchste Tun des Menschen genannt werden kann.

Ich darf aber auch erfahren, dass die Menschen im Grunde ihres Herzens gut und hilfsbereit sind – auch jene, die keine christliche Erziehung gehabt haben, denen die Kirche fremd ist, die mir klar und unmissverständlich sagen, dass sie nicht an Gott glauben. Keine Mühe ist ihnen zu groß. Es gibt keine Schwierigkeiten, die sie nicht durch Geduld und Zuwendung überwinden. Mag sein, dass es (auch) daran liegt, dass ich ein „privilegierter" Patient bin, ein Privatpatient und noch dazu ein Pfarrer! Aber ich kann (und will) mir nicht vorstellen, dass alles freundliche Entgegenkommen, alle Aufmerksamkeit und Hilfsbereitschaft, die sie mir entgegen bringen, nur deswegen geschehen soll. Ich meine feststellen zu können, dass alles in bewundernswerter Selbstverständlichkeit geschieht – gegenüber jedermann und jederfrau. Es macht die Grundverfassung des Menschen deutlich. Der Mensch ist für die Zuwendung und die Liebe geschaffen. Durch die Liebe wird sein Menschsein und erst recht sein Christsein überzeugend und glaubhaft.

Anmerkungen

[71] M. Buber, Moses. Werke 2, Heidelberg/München 1962 ff, 63.

[72] K. Tilmann, Staunen und Erfahren als Wege zu Gott, Einsiedeln/ Zürich/Köln 1968, 94 f.

[73] N. Scholl, Mit anderen Augen schauen. Glaubenserfahrungen in den Alpen, Fribourg 2001.

[74] H.-M. Lander, Bewegung und Tanz – Rhythmus des Lebens, Mainz 1988, 140.

[75] P. Handke, Die Abwesenheit, Frankfurt/M. 1987, 116 f.

4
Den Glauben leben

Ich möchte im Folgenden einige Beispiele nennen, die zeigen, wie
Menschen heute den Glauben zu leben versuchen, den sie – vielleicht nach langem Suchen oder nach einem vorangegangenen
zeitweiligen Abschied – wieder gefunden haben. Es sind sehr unterschiedliche Beispiele, weil auch die Formen, die der Glaube
annehmen kann, unterschiedlich sind.

4.1 Aus den Quellen des Ursprungs – die Bibel

Nicht wenige müssen die Bibel erst wieder neu entdecken. Sie ist
ihnen vergrault worden durch einen allzu unkritischen und unbe-
darften Umgang mit ihr. Aufgrund einer Verkündigung, die von
den gesicherten Ergebnissen der neueren Bibelwissenschaft kaum
Kenntnis genommen hat, sehen nicht wenige in ihr ein Sammel-
surium von kaum glaubhaften Geschichten aus längst vergangenen Tagen. Wer kann schon noch daran glauben, dass die Welt in
sechs Tagen erschaffen wurde oder dass Jesus über das Wasser
gegangen sei?

Und dennoch gehört die Sammlung der Schriften des Alten
und des Neuen Testaments zu den herausragenden Zeugnissen
konkret gelebter und bezeugter Religion. Die Bibel ist ein Werk
der Weltliteratur. Für viele Menschen bedeutet sie „Wort Gottes". Unzähligen gibt und gab sie Kraft und Mut zum Bestehen
der alltäglichen Herausforderungen. Mit Worten der Bibel auf

den Lippen sind sie in den Tod gegangen, weil sie aus diesem Buch Hoffnung und Zuversicht gewannen.

Die Bibel ist kein Werk, das möglichst realitätsnah und authentisch „Fakten, nichts als Fakten" berichten will. Sie verfolgt vielmehr in erster Linie die Absicht, Glauben zu bezeugen und für den Glauben zu werben. Sie ist ein Buch, das von Erfahrungen erzählt, die Menschen in ihrem Leben mit dem gemacht haben, was sie „Gott" nennen. Sie muss darum „von unten" gelesen werden, von der Welt, von den Menschen her. Sie ist ein Werk, geschaffen „durch Menschen nach Menschenart". Darum ist es zum richtigen Verständnis notwendig, „genau auf die vorgegebenen umweltbedingten Denk-, Sprach- und Erzählformen zu achten, die zur Zeit des Verfassers herrschten, wie auf die Formen, die damals im menschlichen Alltagsverkehr üblich waren".[76]

Die Heilige Schrift ist nicht fertig vom Himmel gefallen. Sie ist vielmehr eine Sammlung von Texten, die in einem Zeitraum von rund 1000 Jahren entstanden sind – das Alte Testament zwischen 900 und 100 v. Chr., das Neue zwischen 70 und 150 n. Chr. Es waren Menschen aus Fleisch und Blut, die an ihrer Entstehung direkt oder indirekt mitgewirkt haben – „Konservative" und „Progressive", Alte und Junge, Männer und Frauen, Gebildete und Ungebildete, Sensationslüsterne und auf Nüchternheit Bedachte, in ihrem Glauben Angefochtene und felsenfest Gläubige. Die biblischen Schriftsteller hatten nicht nur Freunde, sondern auch Gegner, nicht nur Sympathisanten, sondern auch Leute, die sie nicht leiden konnten. Es waren Menschen, die ganz bestimmte Ideen verfolgten, die ihre Lieblingsvorstellungen und „Leitmotive" besaßen, die in ihrem Wissen und Denken begrenzt und eingeschränkt waren. Intensiv werden sie über das von ihnen schriftlich Fixierte nachgedacht haben. Lebendiger Gedankenaustausch und lebhafte Diskussionen, Beifall und Ablehnung, vielleicht auch Schmähungen und Anfeindungen haben ihre Arbeit begleitet. Interessenkonflikte und Meinungsverschiedenheiten mussten bewältigt werden. Konkrete Ereignisse und Probleme des Alltags,

Konflikte in den Gemeinden, existentielle Krisen der Autoren und ihrer Adressaten haben nach Deutung, nach konkreter Antwort und Lösung im Licht der Gottesoffenbarung verlangt. Die Rückbesinnung auf die Anfänge, auf die Geschichte des Volkes Israel, das kritische Wahrnehmen gesellschaftlicher und politischer Entwicklungen in der Gegenwart, der Blick auf die profane Realität am Ort haben manches, was aus früherer Zeit überliefert war, in ein anderes Licht gerückt und neue Perspektiven eröffnet. Die uns heute vorliegende Form der biblischen Texte ist das Ergebnis eines langen Überlieferungsprozesses, der nicht nur einfache Weitergabe, sondern auch aktualisierend-verstehende Auslegung beinhaltet. Veränderungen, Korrekturen, Ergänzungen und Weglassungen sind in diesen Prozess eingeschlossen. Die moderne Vorstellung von der Unveränderlichkeit der Quellen ist der Entstehungszeit der biblischen Schriften fremd. Es gibt in der gesamten Weltliteratur kein komplexeres und vielschichtigeres Werk als die Heilige Schrift.

Eine genauere Kenntnis dieser nicht immer sofort erkennbaren und meist schwer zu entschlüsselnden Entstehungsbedingungen müssen wir uns heute erst wieder mühsam erwerben. Wir müssen den Blick schärfen für das durchaus nicht immer spannungsfreie Ineinander, für das „Gewebe" der verschiedenen Interessen und Intentionen („Text" kommt vom lateinischen „texere" = weben, flechten). Die biblischen Schriften sind Tendenzliteratur. Sie verfolgen bestimmte Absichten und sind darum nicht frei von unterschiedlichen, nicht immer leicht zu harmonisierenden Akzentsetzungen, von Einseitigkeiten, von Auslassungen, ja von Übertreibungen und Widersprüchen. Erst die Berücksichtigung des vielschichtigen und komplizierten „Kon-Textes" (der näheren Begleitumstände) und des „Meta-Textes" (des Interessen-Geflechts „hinter" dem uns vorliegenden Text) der historischen, theologischen oder christologischen Aussagen ermöglicht das richtige Verstehen und eine stimmige Über-Setzung in die (ganz andere) Welt von heute.

Auch die vor allem durch die Werke EUGEN DREWERMANNS ins Blickfeld gerückte tiefenpsychologische Interpretation der biblischen Texte kann neue Zugänge zur Bibel aufschließen. Bei ihr geht es darum, die in den biblischen Texten symbolisch gestalteten menschlichen Grundsituationen aufzuspüren: die Problematik der verschiedenen Lebensphasen, die verdeckten oder offenen Konflikte der Generationen, die Frage nach einem erfüllten Leben, nach Glück und Schmerz, Leiden und Tod, nach dem Sinn des Lebens und der Hoffnung über den Tod hinaus. Tiefenpsychologische Interpretation setzt beim heutigen Leser der Bibel an und bringt seine Probleme und Fragen, seine Ängste und Hoffnungen, seine Träume und geheimen Wünsche, seine Empfindungen und Gefühle, seine Wertvorstellungen und Normen mit ein. Diese „Lesart" der Bibel fasst nicht einseitig die Bibel ins Auge, sondern beachtet und bedenkt die wechselseitige Beeinflussung von Bibel und Bibelleser, die Interaktion, die zwischen beiden während der Lektüre und der Auslegung stattfindet.

Einen anderen Zugang zur Bibel eröffnet die „Feministische Theologie". Sie stellt vor allem die Frauen in den Mittelpunkt des Interesses. Dabei wird deutlich, dass zahlreiche Texte der Bibel im Interesse der Legitimation des Patriarchats verfasst sind oder zumindest später dazu missbraucht wurden. Es gibt einen „wirkenden Zirkel zwischen Gottesbildern, Gottessymbolen einerseits und den Menschenbildern und gesellschaftlichen Zuständen andererseits".[77] Diese Verschränkung von Gottes- und Menschenbild, von Gottessymbol und Gesellschaftsstruktur, von (angeblich göttlich legitimierter) männlicher Führungsrolle und (angeblich gottgewollter) weiblicher Dienstbarkeit zu erkennen kann zu einem hochinteressanten und existentiell bedeutsamen Unternehmen werden – zumal, wenn auch die meist in die gleiche Richtung zielenden Zeugnisse anderer Religionen zum Vergleich herangezogen werden. Es führt zu einem Prozess des Umdenkens, wenn sich Frauen ihrer Situation der Unterdrückung, Selbstentfremdung und Fremdbestimmung innerhalb von Gesellschaft und Kirche bewusst werden.

Der folgende Beitrag zeigt, welch nachhaltige Wirkungen ein Bibeltext auslösen kann, wenn er richtig und zeitgemäß ausgelegt wird.

Pfingsten 1979, Gottesdienst in der Klinikgemeinde in Heidelberg, meiner damaligen geistlichen Heimat.

Am Tag zuvor erst war ich aus Israel zurückgekommen, mit „Stacheln" und vielen Fragezeichen, was Glaubensfragen betraf. Warum musste ich es mir auch antun, in Jerusalem die Grabeskirche zu besuchen, eingereiht in eine Schlange Touristen mit albernen Sonnenhüten und Kameras vor den meist dicken Bäuchen. Um dann – eingelassen in die Grabkammer – als erstes die ausgestreckte Kralle eines Popen zu sehen, der mir zuflüsterte: „Money, German money!" Warum musste ich auch die Stätte aufsuchen, wo einmal das Kreuz gestanden haben soll, um dann nur einen anderen dicken Popen vor einer bauchigen Kasse sitzen zu sehen, der mich mit einem Pfiff zurückholen wollte, weil ich meinen Obolus noch nicht entrichtet hatte. Es hätte mir genügen sollen, allein durch das Kidrontal zu wandern und die 2000 Jahre alten, noch erhaltenen Steinstufen hinaufzusteigen, unter den Pinienbäumen zu sitzen und SEINE Spuren zu suchen. Oder draußen am See Genezaret die Hügel hinaufzuwandern, den Abend kommen zu lassen und den Fischern zuzuschauen, wie sie, wie damals, am Abend auf den See hinausfuhren, nur eben ein bisschen moderner ausgerüstet. Diese natürlichen Stätten, unbewohnt und nicht mit Kirchen überbaut und Legenden überfrachtet, ließen mich in der Stille ein wenig von dem erahnen, was sich hier vor 2000 Jahren ereignet hat. Alle anderen so genannten „heiligen Stätten" erschienen mir eher fraglich, unglaubwürdig und vor allem total vermarktet.

Mit dieser Erfahrung also, die noch ganz nah war, stand ich im Pfingstgottesdienst, hörte die Lesung vom Turmbau von Babel.

Mein innerlicher Kommentar: glaube ich auch nicht! Und als dann das Pfingstevangelium vorgetragen wurde, vom Brausen des Sturmes und den feurigen Zungen, räsonierte ich: Und das glaube ich auch nicht! So „gestachelt" und nahezu aggressiv, setzte ich mich, um die Predigt zu hören. Da begann der Pfarrer nun, den Turmbau zu Babel zu erklären:
Eine Gruppe von Menschen beginnen, zunächst als Team, als Gemeinschaft, einen Turm zu bauen. Sie kommen voran und werden von Ehrgeiz gepackt. Sie wollen hoch hinaus. Hoch und höher soll ihr Turm werden, der höchste überhaupt. Sie fangen an, zu hetzen und zu gieren und sind so besessen von ihrer Idee, dass sie an nichts anderes mehr denken können. Und während sie am Anfang sich gegenseitig besprochen, beraten, geholfen und sich am Abend über ihre Tagesleistung gefreut haben, werden sie nun in ihrem Ehrgeiz mehr und mehr zu Einzelkämpfern, pflegen keine Kontakte mehr zueinander, sprechen nicht mehr miteinander, verstehen sich nicht mehr.
Die Interpretation in unsere heutigen Verhältnisse war leicht nachvollziehbar. Menschen, an einem zunächst durchaus sinnvollen Projekt arbeitend, als Gruppe, als Team, werden von der Gier nach mehr und „höher hinaus" so sehr gepackt und getrieben, dass sie sich rücksichtslos nach oben kämpfen, alles um sich herum unbeachtet lassen, den anderen nicht mehr wahrnehmen und sich gegenseitig auch nicht mehr verstehen.
Das gefiel mir, damit konnte ich etwas anfangen. Dann ging der Pfarrer auf das Evangelium ein und begann, uns die Situation der Freunde Jesu ein wenig näher zu bringen. Ein Häuflein verstörter Anhänger versteckte sich seit dem totalen Fiasko ihres vermeintlichen Messias, ängstlich, ratlos und untätig. Mit ihm wollten sie neue, eigene Wege gehen. Da hatte man ihren Anführer kriminalisiert und hingerichtet. Das hatte gewirkt. Total eingeschüchtert, trauten sie sich nicht mehr in die Öffentlichkeit. Sie berieten, wie es denn weitergehen und was aus ihnen werden soll. Da geschah etwas, was nicht zu erklären war. Kein Geschichts-

129

forscher weiß, was passiert ist, dass sie dann plötzlich doch wieder Mut bekamen, eigene Wege zu gehen, riskante Wege. Der Geist Gottes, der Atem Gottes berührte sie, sie spürten plötzlich eine Kraft in sich, wussten auf einmal, dass die Sache Jesu weitergehen musste, bekamen Mut und Hoffnung. Mit einem neu erwachten Enthusiasmus begannen sie, sich gegenseitig anzufeuern und sich etwas zuzutrauen. Und so beflügelt konnte Petrus, der sich kurz zuvor noch feige aus dem Gerichtsgebäude davongestohlen und geschworen hatte, diesen Jesus nicht zu kennen, nun hinausgehen und der Öffentlichkeit verkünden, dass wohl Jesus, nicht aber seine Botschaft gestorben sei.

Wie kam es zu diesem Wandel? Es war, wie wenn ein gewaltiger Sturm daherbraust, erzählten die Jünger später, Gottes Geist ist in uns gefahren! Und das hatte Folgen: Sie gewannen viele ihrer Zeitgenossen, schlossen sich zusammen und waren „ein Herz und eine Seele."

Ich saß in meiner Bank, hörte zu und spürte, wie sich meine Stacheln legten. Ja, so konnte ich mit den biblischen Erzählungen etwas anfangen. So konnte Pfingsten für mich eine sinnvolle Bedeutung gewinnen: die tiefe Sehnsucht nach Gott zuzulassen, den Atem Gottes zu spüren, seinen Geist aufzunehmen und Mut zu bekommen, die Wege Jesu zu gehen, seiner Botschaft zu folgen, unkonventionell, unverstanden manchmal, aber beharrlich und in der Gewissheit, von eben diesem Geist beflügelt und getragen zu sein. Von allen christlichen Festen ist mir Pfingsten das liebste geworden.

Dem Wirken des Geistes zu vertrauen macht es mir leichter, mit der negativen Vergangenheit und Gegenwart der Kirche, mit ihren verkrusteten Strukturen, ihrem Hochmut und ihrem Missbrauch der Macht zu leben, mich davon zu distanzieren, ohne sie zu verlassen. Meine Orientierung beziehe ich aus dem Anruf Gottes im Pfingstgeschehen: Sturm, Wind, Atem, Feuerzungen, „Ruach", Geist, wie immer es man nennen mag, immer neu den Menschen erfassend (A. S.).

Eine „relecture" der Evangelien kann auch dazu führen, die Gestalt Jesu und den Glauben an ihn in neuer und anderer Weise zu sehen und wiederzufinden.

Erst spät begegnete ich ihm –

Jesus war lange verstellt von Christus, eingeborenem Sohn, empfangen vom Heiligen Geist, geboren aus der Jungfrau, gestorben, um die Erbschuld zu tilgen, nach seiner Auferstehung zur Rechten Gottes sitzend, richtend die Lebendigen und die Toten, Bräutigam der Kirche, die er sich zu seinem „mystischen Leib" gemacht haben soll ... Jesus war verstellt von Christus, mythologischer Figur.

Heute ist Jesus für mich der Mann aus Nazaret, Bruder der Menschen, der einzige, den sie je gehabt haben, mein Bruder. Der die Unwissenden lehrte, die Kranken heilte, der die Scharen befreite zur Freiheit vom Gesetz, vom tödlichen Buchstaben. Der mit allen zu Tische saß, die von den Mächtigen verachtet werden. Der sich essen ließ und starb wie ein Lamm, als die Stunde kam. Ich bin in Bann geschlagen von der Erkenntnis, dass seine Lehre, so wie er sie in der Bergpredigt verkündete, die Bedingungen für unsere Zukunft enthält, für ein zukünftiges Zusammenleben der Menschen. Wir werden entweder leben müssen, wie er es vorschlug, oder wir werden nicht mehr leben. Wir werden seine Friedensordnung uns zu eigen machen müssen, oder wir werden zugrunde gehen. Dass er uns als Zeichen dieser Friedensordnung hinterließ, gemeinsam das Mahl zu halten, erfüllt mich immer wieder mit Freude. Dass Jesus von Nazareth Gottes Sohn ist, gezeugt, nicht geschaffen, eines Wesens mit dem Vater usw., kann ich wohl nicht mehr glauben im Sinn eines festen Fürwahrhaltens. Aber ich hoffe es inständig, mit aller Kraft, hoffe auf seine Wiederkunft, mit der er die Welt, uns alle und mich selber, in ein neues Leben holen wird (V. Sturm[78]).

Nicht zuletzt kann auch die Begegnung mit Menschen, die das Wort der Schrift glaubhaft zu leben versuchen, zu einem Wiedergewinnen des Glaubens beitragen. Der Bildungssenator der Hansestadt Bremen und frühere Manager des Fußballclubs Werder Bremen, WILLI LEMKE, ist vor kurzem wieder in die evangelische Kirche eingetreten. Weil eines seiner nicht getauften Kinder über den Empfang des Taufsakraments nachdachte, entschied sich der Politiker, selbst wieder die Gemeinschaft der Kirche zu suchen. Und er erinnert sich an christlich prägende Erfahrungen seiner Jugendzeit (im ‚Sonntagsblatt für evangelisch-reformierte Gemeinden‘). Seine Religionslehrerin habe ihn beeindruckt, eine Diakonissin. „Ich weiß noch genau, wie sie den Unterricht gemacht hat: mit Filztüchern an der Wand und einzelnen Figuren, mit denen sie uns das Alte und Neue Testament nahegebracht hat. Sie hat mich mit Sicherheit geprägt, auch was Nächstenliebe angeht. Sich einzusetzen für andere Menschen, den Schwächeren nicht zu vergessen und mitzunehmen, solidarisches Verhalten …, da hat sie ganz sicher wichtige Grundlagen bei den Schülern geschaffen. Das hat mich schwer beeindruckt."[79]

4.2 Lebensentwürfe

Von jemandem, der sich für den christlichen Glauben hat begeistern lassen und der in diesem Glauben den für ihn richtigen und gemäßen Lebensentwurf und -weg entdeckt hat, kann nicht gleich die Übernahme der ganzen Breite und Fülle der Inhalte dieses Glaubens verlangt werden. Er muss erst wieder langsam „gehen" lernen. Er darf nicht überfordert werden. Bei einer viel beachteten internationalen Tagung im Kloster Andechs zum Thema „Den Glauben bezeugen in säkularisierter Gesellschaft" verlangten vor allem Vertreter aus den neuen deutschen Ländern, die Kirche müsse „durch bewusst niedrige Zugangsschwellen auch für jene einladend sein, die nur zaghaft oder teilweise kommen". Und Frère ROGER SCHUTZ, der greise und weise Prior von Taizé, hat einmal gesagt: „Lebe das, was du vom Evangelium begriffen hast. Und wenn es auch noch so wenig ist. Aber lebe es!"

Ich möchte daher einige sehr einfache und gar nicht so „christlich" scheinende Geh-Versuche mit einem Leben aus dem Glauben schildern. Zuerst sollen drei junge Frauen zu Wort kommen, die von einer Jugendseelsorgerin gebeten wurden, ihr zu schreiben, wie sie das Evangelium in ihrem Alltag zu leben versuchen.

- *„Hallo, Du hast in Deinem letzten Brief gefragt, ob ich nach dem Evangelium lebe und wenn ja, wie.*
Ich weiß nicht genau, ob ich diese Frage mit ja beantworten kann. Ich versuche nicht in erster Linie nach dem Evangelium zu leben, sondern ich versuche so zu leben, wie Jesus sich das wohl vorgestellt hat. Die Evangelien bzw. das ganze NT hilft mir herauszufinden, wie Jesus und Gott wollen, dass ich lebe.
Ich denke, dass man mit sehr kleinen Veränderungen beginnen muss, damit man sich selbst ändern kann. Ich versuche z. B. alle Menschen, die ich auf der Straße treffe, zu grüßen. Das allein ist eigentlich nicht schwer, aber viele machen sich deshalb über mich lustig oder haben es getan. Und hier wurde es schwierig, mich durchzusetzen. Aber bisher habe ich es geschafft. Mehr Probleme habe ich mit dem Versuch, zu allen Menschen freundlich zu sein, aber auf keinen Fall nur zum Schein. Das ist sehr schwer, das merke ich jeden Tag mehr und mehr, jedoch gebe ich meine Hoffnung nicht auf. Um diese Hoffnung zu haben, spreche ich jeden Tag mit Jesus. Sei es, um ihm zu sagen, wenn mir etwas nicht passt, z. B. wenn ich etwas in der Bibel gelesen habe, mit dem ich nicht zurecht komme.
Jesus ist für mich ein Vorbild, das ich nachahmen will, wobei ich trotzdem noch ich selbst sein werde. Für mich ist er aber vor allem ein ‚Gesprächs'-Partner, der mir zuhört und in gewisser Weise auch Ratschläge gibt. Claudi."

133

• „*In meinem Leben ist Ehrlichkeit eine wichtige Sache. Manchmal geht es mir so, dass ich die Bequemlichkeit der Ehrlichkeit
vorziehe. Tatsachen einfach verschweige, um einem Streit aus
dem Weg zu gehen. Aber ich gebe nie auf zu versuchen, anderen,
aber vor allem mir selbst gegenüber ehrlich zu sein, was oft viel
schwieriger ist. Meine Fehler einzugestehen, mir selbst klarzu-
machen, dass ich im Unrecht bin. Dabei stoße ich tagtäglich
schon in scheinbar unbedeutenden Dingen auf harten Widerstand in mir. Oft sind es Ausreden, mit denen man sich ein
‚reines‘ Gewissen verschaffen will. Und wieder mal verliert die
Ehrlichkeit. Ehrlichkeit ist eine so wichtige Grundlage für so vieles im Leben wie z. B. Liebe, Vertrauen und Offenheit. Ich hoffe,
dass Ehrlichkeit in unserem Leben nie an Bedeutung verliert.
Uli.* "

• „*Um es gleich am Anfang zu gestehen, es war nicht leicht,
einen Wert in meinem Leben zu finden, den ich auch einigermaßen zu leben versuche. Ich habe zwar viele Dinge gefunden,
die ich gerne leben möchte, dabei aber festgestellt habe, dass das
für mich nicht einfach ist. Beim Nachdenken ist mir dann aber
immer wieder die Offenheit über den Weg gelaufen.*

*Offenheit ist für mich eine Möglichkeit, Klarheit in etwas zu
bringen. Besonders in der SMV-Arbeit (Schüler-Mitverwaltung)
halte ich das für wichtig, um Missverständnisse mit der Schul-
leitung oder mit anderen aus dem Weg zu gehen. Natürlich ist
das mit der Offenheit gar nicht so einfach, und sie kann einem im
ersten Augenblick zu hart vorkommen. Doch ich habe erlebt,
dass diese harte Offenheit im Nachhinein sehr gut gewesen ist.
Jeder weiß dann, woran er ist und kann sich danach richten. Ich
weiß aber auch, dass Offenheit um jeden Preis verletzend sein
kann.*

*Offenheit hat ihre Grenzen und kann manchmal tief Betrof-
fene zurücklassen. Ich bin noch lange nicht damit fertig, mit meiner Offenheit umzugehen.*

Offenheit hat für mich aber noch eine viel wichtigere Seite. Ich kann ‚offen' sein für andere, sie ein bisschen in meinem Inneren schnuppern lassen. Sie können Dinge in mir entdecken, von denen sie vorher gar nichts geahnt haben und mich nochmal kennen lernen, diesmal von innen. Diese Art von Offenheit setzt aber ein paar andere Dinge voraus, vor allem die Behutsamkeit. Wenn jemand offen zu mir ist, dann sollte ich wissen, dass das etwas Besonderes ist, dass derjenige dann Vertrauen zu mir hat. Er macht sich mir gegenüber verletzbar, und ich darf das nicht ausnützen. Ich muss behutsam damit umgehen und mich darüber freuen, dass mich jemand so mag, dass er offen zu mir ist."[80]

Man könnte sagen: Das sind allenfalls Skizzen eines Lebensentwurfs. So ist es wohl auch gedacht. Die meisten Künstler fertigen von ihrem geplanten Werk zuerst eine Fülle von Entwürfen. Sie verfolgen dann jene Skizze weiter, mit der sie das, was sie bewegt, am besten zum Ausdruck bringen können. Dabei können ihnen Fehler unterlaufen, die sie mühsam zu korrigieren haben. Manchmal müssen sie sich eine Ruhepause gönnen. Oder sie kommen gar in Versuchung, alles wegzuwerfen und ganz von vorn anzufangen. Ein wirklich großes Werk, das lehrt die Kunstgeschichte, fällt meistens nicht vom Himmel, sondern es muss erlitten und erarbeitet werden. Nur so kann am Ende das eigene Werk stehen.

Das trifft auch für den Glauben zu. Wer das Leben Jesu und die Vorgaben des christlichen Glaubens zum Maßstab seines eigenen Lebens machen will, darf nicht meinen, das bedeute einfallslose Imitation, perfekte und vollkommene Befolgung der Gebote, sklavisches „Für-wahr-halten" dessen, was „die Kirche zu glauben vorlegt". Nicht „es" soll in mir glauben, sondern „ich" möchte glauben. Ich soll nicht Zeugnis geben von dem, was „man" (in Rom oder sonstwo) glaubt, sondern was „ich" glaube.

4.3 Aneignungen

Meinen Glauben muss ich selber verantworten. Ich selbst muss mit Herz und Verstand zuerst kritisch das prüfen, was mir zu glauben vorgelegt wird. Ich muss mir freilich dabei bewusst sein, dass ich in meiner inneren Freiheit und Selbstbestimmung eingeschränkt und ständig gefährdet bin. Ich muss wissen, dass Glaube und Religiosität auch Voraussetzungen haben, die im Unbewussten liegen, dass neurotische Störungen und Ängste, irrationale Wünsche und Strebungen, Elternbindung und Kindheitsfixierungen, psychodynamische Mechanismen und Gewohnheiten in die Äußerungen des Glaubens einfließen können. Und diese Individualisierung des Glaubens, verbunden mit einer tiefen Sehnsucht nach Transzendenz und Sinnerfüllung, ist wohl auch einer der Hauptgründe für die noch immer zu beobachtende Meditationswelle. Berufs- und Arbeitswelt fordern in erster Linie die „Außenkräfte" des Menschen: Wahrnehmen, Denken, Entscheiden. Die tiefer liegenden Kräfte aber bleiben brach: Gefühle, Bedürfnisse, Sehnsüchte, Erwartungen, Hoffnungen. Dadurch wird das Leben „light", eng und oberflächlich, abgeschnürt von seiner eigenen Tiefe, festgehalten im oberen Bereich der bloßen Selbstbehauptung. Das „Evangelium" der postmodernen Industriegesellschaft, Produzieren und Konsumieren, erweist sich zunehmend als unbefriedigend und primitiv. Gerade junge Leute spüren, dass der Mensch von woanders her lebt, dass das Leben hinter allen Zwecken und dem „Außen" ein „Innen" hat, hinter dem Vordergrund einen Hintergrund, eine Tiefe und einen Reichtum, eine Fülle, die darauf warten, ins Bewusstsein zu treten.

Meditation öffnet einen Weg zu vertieftem Leben. Ich möchte im Folgenden einige Aspekte dieses weiten Feldes benennen. Religion und Religiosität gründen in einer innerlichen, den ganzen Menschen erfassenden Erfahrung und nicht im bloß sachlich und verstandesmäßig oder gar autoritär eingeschärften, letztlich aber erfahrungslosen und blutleeren (Glaubens-)Wissen. Das ist leider bei einer Konzeption des katholischen Glaubens, die primär auf das „Für-wahr-Halten" von Glaubenssätzen abzielt, vergessen worden.

Was ist Meditation?

Schon 1966 schrieb KARL RAHNER, einer der größten und bedeutendsten Theologen des 20. Jahrhunderts, fast beschwörend die prophetischen Worte: „Der Fromme von morgen wird ein ‚Mystiker' sein, einer der etwas ‚erfahren' hat, oder er wird nicht mehr sein."[81] Dabei versteht er unter Mystik nichts Elitäres oder Ekstatisches, sondern das real gelebte Christentum in seiner Alltäglichkeit, in seiner Entschiedenheit und – auch – in seiner faktischen Gebrochenheit. Bis zu seinem plötzlichen Tod 1983 war RAHNER zutiefst davon beunruhigt, wie oberflächlich, wie erfahrungslos und „unmystisch" sich das real existierende Christentum nicht selten darstellte.

Eine wertvolle Hilfe zu einem erfahrungsgesättigten, „mystischen" Glauben bietet die Meditation an. Damit sind nicht irgendwelche geheimnisvollen fernöstlichen Praktiken gemeint, die in teuren Seminarkursen für einige wenige zahlungskräftige Teilnehmerinnen und Teilnehmer vermittelt werden. Mit Meditieren meine ich nicht mehr und nicht weniger als verweilendes Betrachten eines Gegenstandes, eines Bildes, einer Landschaft: gesammeltes Hören, Staunen und Ehrfurcht vor den Wundern der Natur sowie achtsames Lauschen auf die Stille.

Es geht um das innere Wahrnehmen und Reflektieren der Alltagserfahrungen. „Man sieht nur mit dem Herzen gut", sagt der Fuchs zum kleinen Prinzen bei ANTOINE DE SAINT EXUPÉRY. Und RAINER MARIA RILKE äußert in einem Brief den Wunsch, unser Auge müsste „eine Spur schauender, unser Ohr empfangender sein, der Geschmack einer Frucht müsste uns vollständiger eingehen, wir müssten mehr Geruch aushalten und im Berühren und Angerührtsein geistesgegenwärtiger und weniger vergesslich sein –: um sofort aus unseren nächsten Erfahrungen Tröstungen aufzunehmen, die überzeugender wären, die überzeugender, überwiegender, wahrer wären als alles Leid, das uns je erschüttern kann ... "[82]

Reflektieren der Alltagserfahrungen

Wie eine solche Meditation aussehen kann, schildert der Naturwissenschaftler und Theologe PIERRE TEILHARD DE CHARDIN. Er habe schon in früher Jugend „eine Neigung verspürt, das Göttliche zu suchen, nicht abseits von der physischen Welt, sondern durch die Materie hindurch und irgendwie in Vereinigung mit ihr".[83] Für TEILHARD erscheint die Welt nicht als ein undurchdringliches Dickicht, das keinen Durchblick auf das jenseits liegende „Eigentliche" zulässt, sondern vielmehr als ein „durchsichtiges", gelichtetes Ganzes. Er sieht durch die vordergründige Welt hindurch und erkennt „dahinter" einen letzten und tiefen Grund für alles Sein. So wird er zum Theologen: „Die einzige Wirklichkeit, die uns verlockt, *ist* jenseits der transparenten Dinge, durch die sie hindurchschimmert, und was alles an Hinfälligem zwischen uns und dieser Wirklichkeit vergeht, wird sie uns nur makelloser zeigen. Alles ist mir alles und alles ist mir nichts; alles ist mir Gott und alles ist mir Staub. Dies kann der Mensch mit derselben Berechtigung sagen, je nachdem der göttliche Strahl einfällt."[84]

In seinem Buch „Das Herz der Materie" erzählt er von einem Kindheitserlebnis: „Ich war sicher nicht älter als sechs oder sieben Jahre, als ich anfing, mich von der Materie angezogen zu fühlen – oder genauer gesagt – von etwas, das im Herzen der Materie ‚leuchtete'. In jenem Alter war ich liebevoll, artig – ja fromm. So liebte ich durch die sich übertragende Ausstrahlung meiner Mutter [...] den ‚kleinen Jesus' sehr. Aber in Wirklichkeit war mein wahres Ich woanders ..." TEILHARD zählt dann seine

„Eisenidole" auf, die er immer von Neuem fasziniert heimlich be-
trachtete: einen sechseckigen Schraubenkopf und verschiedene
Granatsplitter von einem nahegelegenen Schießübungsplatz. „Ich
kann mich eines Lächelns nicht enthalten", heißt es dann, „wenn
ich an diese Kindereien zurückdenke. Und doch fühle ich mich
gezwungen anzunehmen, dass sich in dieser instinktiven Geste,
die mich ein Metallfragment geradezu anbeten ließ, bereits eine
intensive Begabung und eine Reihe von Neigungen zusammen-
ballten und ankündigten und dass mein ganzes weiteres spirituelles Leben nichts anderes als deren Entfaltung war. Das Bedürfnis,
etwas Absolutes (!) ganz und gar zu besitzen, war seit meiner
Kindheit die Achse meines ganzen Innenlebens ..."[85]

Stille

Der dänische Theologe und Philosoph SØREN KIERKEGAARD
soll einmal gesagt haben: „Der heutige Zustand der Welt, das
ganze Leben ist krank. Wenn ich Arzt wäre und man fragte mich:
Was rätst du?, würde ich antworten: Schafft Schweigen!"

Schweigen und die Stille habe ich selbst auf vielen Wanderun-
gen und Skitouren im Gebirge genießen dürfen. Ich möchte hier
eine eigene Erfahrung einfügen, die mich besonders nachhaltig
berührt hat.

*Wir haben mit unseren Ski das Aletschjoch erreicht. Meine Berg-
kameraden wollen noch weiter aufs Aletschhorn. Mir erscheint
das etwas schwierig. Ich werde hier bleiben und auf sie warten. Es
ist warm und sonnig. Kein Lüftchen bewegt sich, kein Laut, kein
Hauch. Ich bin umgeben vom Meer der majestätisch-zackigen Ur-
gesteinsgipfel des Berner Oberlands, dem flimmernden Schnee,
den Gletscherströmen tief unter mir und der Sonne am wolken-
losen Himmel über mir. Ich lasse meine Kameraden ziehen. Bald
sind sie meinen Blicken entschwunden. Ich bin allein. Ich tauche
ein in die gewaltige Ruhe und in das mächtige Schweigen.*

Eine grandiose Landschaft, voller Würde und Schönheit, voller Licht und Glanz, voller Erhabenheit und Größe. Eine unsagbar stille Landschaft. Denn das wahrhaft Große bedarf keines Lärms, um von sich reden zu machen. Es ist groß genug, um nicht auf sich aufmerksam machen zu müssen. Es offenbart sich im Schweigen. Jeder Laut stört und beeinträchtigt das Offenbarwerden.

Das Schweigen umfängt mich wie die Stille nach dem Verklingen einer großen Symphonie, in der es dem Komponisten gelungen war, eine unglaubliche Einheit aus Homophonie und Polyphonie, aus Harmonie und Dissonanz, aus Melodie und Kontrapunkt, aus pianissimo und forte zu entfalten, in der das Orchester seine ganze Klangfülle zu Gehör gebracht hatte, in der die Instrumente hatten vernehmen lassen, welche Schönheit in ihrer Stimme liegt. Und nun, nach so viel tönender Herrlichkeit das ergriffene Schweigen, die ergreifende Stille, die packende Ruhe.

Und doch ist dieses Schweigen nicht sprachlos. Es ist nicht stumm. Es spricht mich an. Nicht meine Ohren. Es könnte sonst zu laut oder zu leise sein; ich könnte mich entsetzt und angewidert davon abwenden, oder ich könnte es achtlos überhören. Nicht an der Oberfläche; ich könnte sonst darüber hinwegsehen. Es spricht mich an in der Tiefe. Dort, wo ich ich selbst bin. Wo ich zu mir gekommen bin.

Das Schweigen spricht eindringlich, aber nicht bedrängend. Vernehmlich, aber behutsam. Ergreifend, aber nicht verletzend. Wer vom Lärm der Welt schon taub geworden ist, wird freilich davon erst gar nicht berührt werden. Wer nur im „Außen" lebt, wird das Schweigen abzuhalten suchen durch Lärm, durch Ablenkung, durch Betriebsamkeit. Wer keine Tiefe in seinem Leben besitzt, sondern nur oberflächlich und seicht dahinvegetiert, kann die Stille nicht ertragen.

Wer ins Schweigen geht, wird nicht durch allerlei bedeutungslose Geräusche vom Wesentlichen abgelenkt. Stille ist wie die Wüste. In ihr kann Gott sprechen, weil der Lärm der Erde ver-

stummt ist und sein Sprechen nicht übertönt. Denn Gottes Sprache ist leise. Schweigen ist wie der leere Raum. In ihm kann Gott sich offenbaren, weil er unfasslich und unbegreiflich ist. Die Bibel erzählt öfter davon, dass Gott in der Wüste, in der Einsamkeit zu Menschen gesprochen hat.[86] *Auch von Jesus erzählen die Evangelien, dass er „in aller Frühe" einen „wüsten Ort" aufsuchte, um zu beten (Mk 1,35). Die Wüste – das bedeutet Schweigen, Einsamkeit, Stille.*

Gott kann nicht ver-lautet werden. Es steht dem Menschen nicht zu, Gott einen Namen zu geben. Denn Namengebung ist Machtausübung. Wer den Namen eines Dinges kennt, kann darüber verfügen. Wer den Namen eines Menschen ruft, kann Herrschaft über ihn ausüben. Darum wagt der fromme Jude bis heute nicht, den Namen – „Jahwe" – auszusprechen. Selbst dem Hohenpriester war das nur ein einziges Mal erlaubt, am Jom Kippur. Jeder Versuch, das Wesen Gottes zu definieren, ist Ausdruck menschlicher Hybris. Jede „Eigenschaft", die Gott von Menschen zugelegt wird („allmächtig", „allgütig", „allwaltend" ...), grenzt seine Unbegrenztheit und Unendlichkeit in unangemessener Weise ein. Jedes Adjektiv, das dem Namen Gottes hinzugefügt wird, „wirft" eine menschliche Vorstellung „auf ihn drauf" („Adjektiv" kommt von lat. ad-iacere, wörtl.: darauf werfen). Jedes „göttliche" Attribut teilt ihm in Wahrheit etwas Menschliches zu („Attribut" kommt von lat. ad-tribuere, wörtl.: zuteilen). Jeder „Begriff" beschränkt seine Unbegreiflichkeit und Unfasslichkeit.

Gott kann nur ver- oder besser: be-schwiegen werden. Ihn beschweigen heißt erst eigentlich ihn benennen. Der Unbegreifliche kann nur mit Schweigen benannt werden. Den Unaussprechlichen namenlos zu lassen bedeutet ihn anerkennen. „Wer die Unsäglichkeit Gottes im Blick hat, seine stille Größe, die jeden Begriff und damit auch jedes Wort übersteigt, wer sich dessen erinnert, dass alle menschlichen Worte endlich sind und an die Unendlichkeit Gottes nicht hinreichen, der wird, sich zu Gott hinwendend, zuerst verstummen. Für ihn wird sichtbar, dass es angemessen ist, dass der Mensch sein Wort zurücknimmt ins Schweigen ... Das verstummende Schweigen ist darum die erste Gestalt des Gebetes, denn in ihm verhält sich der sterbliche Mensch am angemessensten zu Gott, der ersten und führenden Bestimmung aller Religionen. Das Schweigen des Menschen ist die unmittelbare Konsequenz aus der alles Wort übertreffenden Größe Gottes. Wenn immer diese in ihrer Überschwänglichkeit den Menschen berührt und bewegt, wird er zunächst verstummen und schweigen" (BERNHARD WELTE[87]).

Wer Stille und Schweigen nicht aushält, wird kaum in der Lage sein, ein spirituelles Leben zu führen. Zum Schweigen gehört das Hören. Häufig ist bei Gesprächen zu beobachten, dass manche Leute nur anfangs wirklich zuhören; doch während des Hörens lauern sie dauernd auf den Augenblick, in dem sie sich wieder einschalten und selber reden können. Wer aufmerksam zuhört, gibt dem anderen die Gelegenheit, sich zu offenbaren. Wer richtig hinhört, vernimmt nicht nur das vordergründig Gesagte, sondern auch das dahinter sich Verbergende, unausgesprochen Gemeinte. Wer ernstlich ein spirituelles Leben führen will, muss lernen, zur Ruhe zu kommen. Rast- und ruheloses Tätigsein ist ein Alarmzeichen. „Die Stille ernährt, der Lärm verbraucht" (REINHOLD SCHNEIDER).

Mancher mag den Weg zur Stille und Meditation durch Musik finden. Von einem jungen Mann hörte ich, dass er sich im Alter von etwa zwölf Jahren einmal abends in sein Zimmer eingeschlossen habe, um völlig ungestört Musik zu hören. Er habe sich vor sein Rundfunkgerät gesetzt und den Kopf auf die verschränkten Arme gelegt. An diesem Abend habe er erstmals in seinem Leben die h-moll-Messe von JOHANN SEBASTIAN BACH gehört. Zwischendurch sei er ein wenig müde geworden, habe jedoch die Musik weiter halb unbewusst in sich aufgenommen. In einem bestimmten Augenblick sei er wieder wachen Sinnes gewesen und habe vor Erregung geschwitzt und geweint. Er wisse nicht, was damals in ihm vorgegangen sei. Aber seit jener Stunde bedeute ihm die Musik BACHS eine Offenbarung des Heiligen, Ehrfurchtweckenden, Reinen und Befreienden.

Andere finden den Weg zur Stille und Meditation eher über ein gutes Buch, über ein Bild oder über die Beziehung zu einem spirituellen Menschen.

Wirkungen der Meditation

Welche Wirkungen die Meditation haben kann, lässt sich deutlich auf einer Konferenz beobachten, in die eine kurze Bildmeditation eingeschaltet wird. Der Geräuschpegel sinkt nach der Meditation ganz merklich ab, erstaunliche Ruhe und Gelassenheit breiten sich aus, die Teilnehmerinnen und Teilnehmer werden verträglicher, Aggressionen verschwinden, die Konzentration wächst und auch die Bereitschaft, die Dinge differenzierter und sachlicher zu betrachten und aufeinander verständnisvoller einzugehen. Oft ist es geradezu schwer, manche Leute wieder zum Sprechen zu bringen; so tief sind sie „eingetaucht".

Das ist die Erfahrung auch bei ausgesprochenen Meditationskursen. Etwas wie Frieden und stille Freude breitet sich aus, eine wohltuende Sicherheit greift Platz und das Gefühl: Eigentlich kann mich nichts umwerfen. Auch traut sich mit einem Male etwas heraus, was vorher irgendwie eingeklemmt war. Die Atmosphäre wird persönlicher und gelöster und zugleich ernster. Jugendliche, die vorher sehr laut sein konnten, erleben die Stille plötzlich als etwas Wohltuendes. Gelegentlich geschieht es auch, dass einer sichtlich nervöser wird und „abschnallt"; dahinter kann ein dickes neurotisches Problem stecken, das einer längeren Aufarbeitung bedarf. Einige geben vielleicht auch auf, weil sie sich für unbegabt halten zu meditieren oder weil sie die Anstrengungen und die Konsequenzen, die damit verbunden sind, fürchten. Das gilt besonders für die Zeit nach dem Kurs, wenn die Einzelnen wieder auf sich selbst gestellt sind. Darum ist es wohl zweifellos für Jugendliche und für die meisten Erwachsenen ratsam, die Meditation immer wieder in Gemeinschaft zu üben. Insgesamt macht man jedenfalls überwiegend positive Erfahrungen. Die allermeisten werden von dem neuen Erleben ganz eingefangen. Die Gruppe drängt instinktiv zueinander und versteht sich ungewöhnlich gut, das gegenseitige Wohlwollen wächst, die menschliche Vertrautheit nimmt zu, die Teilnehmer suchen das Gespräch untereinander. Beglückend ist oft die spontane Dankbarkeit gegenüber dem Meditationsleiter. Kommentar einer 17-Jährigen nach der Meditation: „Ich habe noch selten einen so tiefen Frieden und ein solches Glück bei mir erlebt wie jetzt." Ein Gymnasiast sagte: „Seit ich meditiere, kann ich mich viel besser auf meine Aufgaben konzentrieren."[88]

Tanzen

Eine weitere, scheinbar gänzlich konträre Form des meditierenden Zu-sich-Kommens kann das Tanzen sein.

In den „Erzählungen der Chassidim" berichtet der jüdische Religionsphilosoph MARTIN BUBER von einem Rabbi, der am Abend des „Festes der Freude über die Lehre" eine Schriftrolle in seine Hand nahm und mit ihr tanzte. „Dann gab er die Rolle aus der Hand und tanzte ohne sie. In diesem Augenblick sagte einer seiner Schüler, der mit der Mentalität und den Bewegungen des Rabbi besonders gut vertraut war, zu den Gefährten: ‚Jetzt hat unser Meister die leibliche Lehre aus der Hand getan und hat die geistige Lehre an sich genommen'."[89]

Die Heilige Schrift, die „leibliche Lehre", als ein Buch, über das man sich freuen und mit dem man tanzen kann? Tanzen als Zeichen dafür, dass man die „geistige Lehre" angenommen hat? Was ist das für eine sonderbare Theologie! Die jüdische Gemeinde, von der MARTIN BUBER berichtet, feierte ein „Fest der Freude an der Lehre". Darum tanzte die jüdische Gemeinde zusammen mit ihrem Rabbi. Denn wie kann man sich freuen, ohne

sich zu bewegen? Wer sich von Herzen freut, muss die Freude aus
sich herauslassen. Er beginnt zu tanzen und zu springen. Er
trennt sich von der Erdenschwere, die ihn gefesselt hält. Wenigstens für Sekunden gewinnt er das Gefühl der Schwerelosigkeit.
Das Gefühl, über alles Irdische erhaben zu sein. Wer sich über die
„leibliche Lehre" freut und die „geistige Lehre" wirklich angenommen hat, gerät darüber in Begeisterung. Wer tanzt, versetzt
sich in eine andere Welt.

Christen hören am Sonntag das Evangelium. Das griechische
Wort heißt ins Deutsche übersetzt: Froh- oder Freudenbotschaft.
Aber diese Botschaft bewegt offenbar die Christen nicht mehr.
Die „geistige Lehre" lässt sie ungerührt. Ein Pfarrer, der nach
dem Verlesen des Sonntags-Evangeliums das Buch in die Hand
nimmt, es mit den Händen hoch über seinen Kopf hält und zu
tanzen beginnt, ist unvorstellbar. Das geziemt sich nicht – tanzen
in der Kirche! Der Pfarrer vorn am Altar oder am Ambo hat
nicht zu tanzen. Er hat die vorgeschriebenen Gebete zu sprechen
und dabei ein möglichst ernstes Gesicht zu machen.

Doch langsam zeichnet sich ein Wandel ab. Ich habe an Got-
tesdiensten teilgenommen, in denen ein schlichter Schreite-Tanz
als liturgisches Element eingebaut war. Erinnert sei auch an die
Echternacher Spring-Prozession. Tanzen als Ausdruck des Gebetes, liturgischer Tanz während des Gottesdienstes sind heute kein
Tabu mehr. Tanzen kann zu einem tiefen und nachhaltigen religiösen Erlebnis führen. Denn es „vermittelt die Erfahrung von
Ganzheit und Harmonie, von Freiheit und Bindung, von Selbstwerdung und Gemeinschaft mit den Mittanzenden im Ausge-
spanntsein auf Gott hin" (G. WOLLMANN). Immer häufiger werden Seminare angeboten zur Einübung in solch meditatives, religiöses Tanzen. Als Ziele werden genannt: „Lebenserfahrung auf-
schlüsseln und vermitteln" ... „Bewegungsheilkunst verinnerli-
chen" ... „die heilende Kraft und die ‚Gnade' des Tanzens erfahren" ... „Im Zusammenklang von innerer und äußerer Bewegung
den Körper bewusster und ganzheitlicher erfahren." Und schließ-

lich: „Meditativer Tanz als Weg zu sich selbst, zum anderen und zu Gott."[90] BERNHARD WOSIEN, von Haus aus professioneller Ballett-Tänzer und Choreograph, sagt: „Das Objekt der Meditation ist für den Tänzer sein Leib. Dieser ist ihm Tempel, Wohnung und Instrument zugleich."[91]

Ein 44-jähriger Mann, der an einem solchen Tanz-Seminar teilgenommen hat, berichtet: „Nach den anfänglichen Schwierigkeiten, die ich beim Einüben der Schritte und des richtigen Rhythmus hatte, machte sich in mir ein großes Glücksgefühl breit ... Ich spürte Freude, Liebe, Sehnsucht, Harmonie und Verbundenheit mit allen in mir." Eine 57-jährige Frau erlebt Ähnliches: „Beim ersten Wochenende dachte ich am Freitagabend, wenn das so weitergeht, fahre ich wieder heim. Dieses langsame Gehen machte mich verrückt. Aber dann konnte ich mich fallen lassen. Dann war es einfach wunderschön, ergreifend, beruhigend; getanztes Gotteslob. Der Lobpreis der Gottesmutter (aus der russisch-orthodoxen Liturgie) hat mir, getanzt, sehr viel gegeben und ein neues Verstehen geschenkt." Und eine 26-jährige Frau erzählt: „Ich habe seit Jahren nicht mehr (oder kaum) getanzt und erst jetzt gemerkt, was mir dadurch fehlte. Das Tanzen brachte mir meinen Körper ganz neu ins Bewusstsein. Vor allem die Verbindung von Meditation und Tanz ... habe ich hier erfahren. Der eigene, im Rhythmus der Tänze bewegte Leib wirkte zugleich beruhigend und befreiend auf meine Person; vielleicht kann man sagen, irgendwie erlösend. Ich spürte die Einheit von Leib und Seele in mir."

Geradezu überschwänglich äußert sich ein 58-Jähriger: „Ich habe eine Ahnung von Auferstehung bekommen und eine Erfahrung von der ‚Gemeinschaft der Heiligen'. Wie ich in die Freude, den Jubel, das Geführtsein hineingenommen bin, frei von Angst, unbegrenzt, zeitlos. Ein neues Erleben von Kirche, der Zugehörigkeit zum Herrn, der mit mir auf dem Pilgerweg ist als der, der den Tod und die Trauer, die Angst, das Leid und alle Mühen bereits überwunden hat."[92]

Tanzen ruft Grunderfahrungen des Menschseins wach. Das Schreiten gemahnt daran, dass wir in unserem Leben auf einem Weg sind. Rückschritte müssen wir dabei immer wieder hinnehmen. Hast und Unruhe stören die innere Harmonie, bringen die seelische Ausgeglichenheit durcheinander. Tanzen ruft die Einheit von Leib und Seele, von Körper und Geist ins Bewusstsein. Wer diese zerstört, gefährdet den Menschen als Ganzes. Tanzen in Gemeinschaft kann nur gelingen, wenn es bestimmten Regeln folgt. Wo die Spielregeln gegenseitiger Rücksichtnahme und des Aufeinander-Achtens nicht mehr geübt werden, dort machen sich Ellenbogenmentalität und Egoismus breit. Dort gerät das menschliche Zusammenleben aus den Fugen. Tanzen lehrt, auf den Rhythmus zu hören und sich in seinen Bewegungen daran zu orientieren. Wer lernt, auf den Rhythmus des Lebens zu achten und auf die leisen Töne zu lauschen, der trotzt dem Chaos und dem Lärm der Welt. Der findet seinen Weg durch die schrillen Dissonanzen und die grellen Misstöne des Alltags.

Die Tanzpädagogin HILDA-MARIA LANDER schreibt: „Legt eure Müdigkeit auf den Boden und tanzt, tanzt eure Heiterkeit und tanzt eure Trauer, tanzt eure Ausgelassenheit und tanzt eure Schwere, tanzt eure Hoffnung und tanzt eure Ängste, tanzt das Sichtbare und tanzt das Geheimnis, tanzt allein, tanzt mit anderen, tanzt den Alltag und tanzt das Fest, tanzt das Unendliche, tanzt das Heil, tanzt!"[93]

Dass Tanz auch helfen kann, Gebets- und Glaubenskrisen zu überwinden, beschreibt WALTRAUD SCHNEIDER in der Einleitung zu einem Tanzbuch, das viele Vorschläge für den liturgischen Tanz enthält:

„Mein Weg mit dem Tanz als Gebet begann mit ein paar begleitenden Gebärden zu einem recht einfachen Lied. Damals war ich Gruppenleiterin und sofort begeistert, weil ich spürte, dass es den Kindern genauso viel Spaß machte, sich zu bewegen, wie mir selber. Ich hielt das für eine ausgezeichnete Methode, etwas mehr

Abwechslung in Gruppenstunden und Kindergottesdienste zu bringen. Ein paar Jahre später – in einer tiefgehenden Glaubens-krise – hatte ich massive Probleme mit dem mündlichen Gebet: Ich war nicht in der Lage, ein Gebet zu sprechen. Schmerzlich wurde mir meine Sprachlosigkeit Gott gegenüber bewusst. In dieser Situation entdeckte ich ein neues Ausdrucksmittel: meinen eigenen Leib. Hier kam es nicht auf schön ausgewählte Worte an – es kam überhaupt nicht auf Worte an, sondern ich konnte mich frei bewegen, ohne alles auf das genaueste mit Sinn und Bedeu-tung zu füllen. Darin spürte ich eine große Freiheit, dies war der Weg heraus aus meiner Sprachlosigkeit. Da ich keinerlei Ausbil-dung genossen hatte, war mein Tanzen zunächst ein Ausprobie-ren, vielfach zusammen mit anderen Menschen, die ähnliche Schwierigkeiten kannten. Von Mal zu Mal entdeckten wir tiefere Dimensionen in den einfachsten Bewegungen.

Ich bin mir bewusst, dass Tanzen allein unsere Sprachlosigkeit vor Gott nicht lösen kann. Doch es ist zumindest ein Versuch, diese Not zu überwinden. Der Versuch beinhaltet das Vertrauen, dass Gott dieses ‚Stammeln‘ versteht. Auch ein Kind vertraut darauf, dass es seine Eltern verstehen, wenn es die ersten Sprach-versuche unternimmt.

Manchmal packte mich die Freude an Gott so sehr, dass ich nicht mehr sitzen bleiben konnte. Ich wollte alles, was ich bin, vor diesen wunderbaren Gott bringen. Aber nicht nur Jubel und Lobpreis konnte ich mit meinem Leib ausdrücken, sondern auch tiefen Schmerz und Trauer in schweren Zeiten meines Lebens.

Wenn Ereignisse eintrafen, die mich total aus dem inneren Gleichgewicht zu werfen drohten, brauchte ich ein Ventil, um das, was an Wut und Enttäuschung – gerade auch Gott gegen-über – in mir tobte, herauszulassen. Das geschah durch das Tan-zen. Die Angst, die uns abendländischen Christen oft so prägt: ‚Das darf ich wohl nicht sagen, nicht einmal denken …‘, diese Angst kam erst gar nicht auf beim leiblichen Ausdruck. Wenn ich das, was mich innerlich be-wegt, ausgedrückt hatte in äußeren

Be-weg-ungen, dann war der Weg frei, mit diesen schmerzlichen Erfahrungen umzugehen. Ich brauchte nicht zu fürchten, dass sich da ‚Eiter' in tieferen Bewusstseinsschichten ansammelte, der dann irgendwann mal hervorbricht. Ich wurde empfänglicher für Gottes heilsames Wirken ...

Wir setzten auch Schrifttexte in dramatische Tänze um. Entscheidend dabei ist, dass die Tanzenden sich betend an solch einen Text heranwagen. Es geht schließlich nicht um die Darstellung einer Geschichte, sondern beim Tanzen eines Bibeltextes ist immer auch ein Stück weit Interpretation nötig – und ein Aufdecken von Dingen, die im eigenen Innern verborgen sind. Es ist leicht, Lobpreis zu tanzen – Freude an Gott ist in mir. Das brauche ich vor niemandem zu verstecken. Es wird bedeutend schwieriger, wenn ich in der Geschichte von Rahel und Lea (Gen 29), Eifersucht und Neid darstellen will. Zunächst muss ich zugeben, dass solche Gefühle auch in mir Raum haben, dann erst kann ich es tanzen. In diesem Moment wird Tanzen zu einem heilenden Geschehen. Denn Gott hat kein Interesse daran, uns bloß zu stellen, er will uns heilen und uns inneren Frieden schenken. Darum gilt hier für Tänzer wie Zuschauer: ‚Alles, was aufgedeckt ist, wird vom Licht erleuchtet' (Eph 5,13). So entdecke ich immer wieder neue Dimensionen des Tanzes: Sprachlosigkeit überwinden – Hilfe für schwere Zeiten – Gruppenprozesse klären – Aufdecken von tieferen Bewusstseinsschichten. Das ist eine nur schwer zu beherrschende Vielfalt."[94]

Aus dem zweiten Jahrhundert ist der Text eines Evangeliums überliefert, das nicht in die Sammlung der neutestamentlichen Schriften aufgenommen wurde. Es gehört zu den so genannten apokryphen Evangelien. In ihm wird erzählt, wie Jesus vor seiner Himmelfahrt die Jünger versammelt und ihnen eine Abschiedsrede hält, in der er sie wiederholt auffordert, Gott zu loben, ihm zu danken und zu tanzen: „Flöten will ich, tanzt alle! ... Dem All gehört der Tanzende. Wer nicht tanzt, begreift nicht, was sich be-

gibt ... Ich hüpfte, du aber begreife das Ganze, und wenn du es begriffen hast, sage: Ehre sei dir Vater!" Und dann schreibt der Evangelist: „Nachdem der Herr so mit uns getanzt hatte, ging er fort. Und wir waren wie Verirrte."[95]
Die Tradition, Jesus als Tanzmeister, als „Vortänzer im mystischen Reigen"[96] zu sehen, lebt fort in einem Lied, das auf einen mittelalterlichen Gesang zurückgeht und heute in christlichen Jugendgruppen verbreitet ist und gern gesungen wird:

„Ich tanzte schon am Morgen der Welt,
mit Sonne und Mond am Sternenzelt.
Ich kam vom Himmel nach Betlehem,
der Tanz begann und wird nie vergeh'n.
Tanz nur, tanz nur immer mehr,
ich bin der Herr im Tanz, sagt er.
Ich führe euch, wo immer ihr auch seid,
nun kommt mit mir, seid zum Tanz bereit.
Ich tanzte vor Priestern und vor der Obrigkeit,
doch sie wollten nicht, war'n nicht zum Tanz bereit.
Ich tanzte für die armen Fischersleut',
sie tanzten mit, damals so wie heut'.
Ich tanzte am Sabbat, machte Kranke gesund,
und da schlugen sie mich krank und da schlugen sie mich wund,
Da nagelten sie mich an das Kreuzesholz,
für meinen Tanz waren sie zu stolz.
Ich tanzte am Freitag, als es finster ward.
Zu tanzen mit dem Teufel im Nacken, das ist hart.
Sie beerdigten mich in einem Felsenloch,
doch ich bin der Tanz, und ich tanze noch ...
Ein Mensch im Grabe, der schnell verdirbt,
doch ich bin der Tanz und das Leben, das niemals stirbt.
Lasst euch auf meine Liebe ein,
dann werde ich euer Tanzmeister sein."[97]

Jesus als Tanzmeister, sein Leben und Sterben als Tanz – das ist eine befremdliche Theologie. Nachfolge Christi als Bereitschaft zum Tanz mit Jesus – ein sonderbares Verständnis des Christseins. Der Glaubende als Tänzer – ein ungewöhnliches Bild. Oder doch nicht? „Unser Tanz ist Änderung unseres Lebens" – dieses Wort soll von AUGUSTINUS stammen. Wir wissen nicht, welchen Tanz er damit meinte. Vielleicht war es der Kreistanz, bei dem die Tanzenden auf immer neuen Wegen und in immer neuen Formen und Gestalten sich um die Mitte bewegen und so lernen, ihr Leben auszurichten auf das eine Wesentliche. Tanzen heißt, wiederum nach AUGUSTINUS, „den Tönen mit der Bewegung des Körpers folgen". Christsein heißt: dem Wort und Beispiel Jesu von Nazaret mit Leib und Seele folgen. Wer tanzt, verliert für Sekunden alle Erdenschwere. Christsein erhebt den Menschen in eine andere Welt. Es lässt Menschlich-allzu-Menschliches hinter sich und entrückt ins „ganz Andere". Tanzen beschwingt. Es verleiht Schwingen. Christsein ist Aufschwung zu Gott.

4.4 Gebet

Als „Aufschwung zu Gott" gilt vor allem das Gebet. Vielfach verbinden sich hiermit freilich falsche Vorstellungen. Häufig wird Gebet abgetan als gedankenloses Nachplappern vorgeformter Texte. Erschwerend wirkt sich die Tatsache aus, dass die tradierte und offiziell vorgeschriebene Gebetssprache nicht selten noch immer Formeln verwendet, die durch eine patriarchale, autokratische Gesellschaftsstruktur und eine entsprechende Symbolik geprägt sind: ein majestätisch souveräner, unbeweglicher Gott, der „oben" thront, der von dorther nach Gutdünken eingreifen und dazu von „unten" durch Fürbitten, durch Opfergaben oder über die vermittelnde Fürsprache der Heiligen bewegt werden soll. Ein Gott, den man durch Unterwerfung gnädig stimmen muss.

Ein anderer Einwand gegen das Beten lautet: Es sei eine Art von Selbstbetrug, indem man versuche, eigene Schwäche und eigenes Unvermögen dadurch zu bewältigen, dass man sie aus sich heraus auf einen (vorgestellten) Gott projiziere. Gebet wäre dann ein Selbstgespräch, ein eingebildetes „Sprechen" zwischen dem tatsächlich existierenden Ich und einem fiktiven Du (Gott). Andere sagen: Gebet sei eine Krücke für Unselbständigkeit, für mangelndes Selbstvertrauen, für Ich-Schwäche. Weil der Mensch nicht in der Lage sei, von seiner Freiheit Gebrauch zu machen und selbst Verantwortung zu übernehmen, oder weil er ganz einfach Angst davor habe, wende er sich an ein „höheres Wesen" und wolle sich auf diese Weise entlasten. Und schließlich gibt es noch den kaum zu widerlegenden Einwand: „Wie kann man nach Auschwitz noch beten?" Wie kann man sich hilfesuchend, im Vertrauen auf die Erhörung des Betens an einen Gott wenden, der es nicht verhindern konnte oder nicht verhindern wollte, dass 6 Millionen Juden (von den 20 Millionen Sowjettoten spricht man auffälligerweise nicht!) auf bestialische Weise umgebracht wurden? Und wie kann ich einen Gott gar loben, der so etwas zuließ, der doch vermeintlich „alles so herrlich regieret"? Wir rühren hier an tiefste Fragen des Verhältnisses Gottes zum Leid in der Welt.

Der nachdenkliche und um seinen Glauben ringende Christ kann solche Einwände nicht einfach wegwischen oder verdrängen. Er muss sich ihnen stellen, muss die Anfechtung, die sie für ihn bedeuten, aushalten. „Beten ist Ausdruck und Ernstfall des Glaubens" (WALTER KASPER).

Es ist auf vielfältige Weise belegbar und erfahrbar, dass der Mensch vor allem in Krisensituationen, aber auch in Situationen überwältigenden Glücks sich als einer erkennt, dessen Dasein über sich selbst hinausweist. Er erfährt sich bedroht, aber auch beschenkt. Der Mensch ist ein sich selbst überschreitendes (= transzendierendes) Wesen. Wer sich auf diese Beziehung, die sein eigentliches Sein ausmacht, bewusst einlässt und sie mitdenkend und mitsprechend nachvollzieht, betet bereits. Im Gebet ist in gewisser Weise das Besondere des christlichen Glaubens abzulesen: Christen erfahren sich hier als antwortend auf das innere – oft auch dunkle – Geheimnis des Lebens. Gebet ist nicht in erster Linie ein Sprechen, sondern – nach den Erfahrungen der alttestamentlichen Menschen – ein tiefes, auf den vorab sich äußernden Gott hin abgestimmtes Hören. „Es ist ein Sich-treffen-Lassen vom göttlichen Wort und ein Sich-Ausrichten nach seinem Willen."[98]

Der dänische Religionsphilosoph SØREN KIERKEGAARD sieht es so:

„Als mein Gebet immer andächtiger
und innerlicher wurde,
da hatte ich immer weniger zu sagen.
Zuletzt wurde ich ganz still.
Ich wurde, was womöglich
ein noch größerer Gegensatz zum Reden ist,
ich wurde ein Hörer.
Ich meinte erst, Beten sei Reden.
Ich lernte aber, dass Beten nicht bloß
Schweigen ist, sondern Hören.
So ist es: Beten heißt nicht sich selbst reden hören,
beten heißt still werden und warten,
bis der Betende Gott hört."[99]

Das so im Gebet Vernommene und Erkannte, das „Gehörte" kann (und soll) im Hörer dann aber nicht eingeschlossen bleiben. Es soll sich „äußern", soll konkret werden. Beten steht in einer unauflösbaren Beziehung zum Handeln, wenn es nicht Selbstbespiegelung sein will. Konkretes Handeln ist die Konsequenz eines ver-*antwort*-lichen Betens. „Der Ursprung im *Schweigen* verbindet, nicht das Gesagte, und das Gesagte in dem Maße, als dieser Untergrund es trägt" (KARL JASPERS[100]). Der Dienst am Leben –

Ausdruck christlichen Glaubens – ist Antwort auf den im Schweigen des Gebetes vernommenen Anruf. Gebet verleiht dem Engagement Ruhe und Ausdauer. Aus dem Schweigen und der Stille erwächst Kraft. So gesehen ist die Voraussetzung des Betens ein Erinnern an sich selbst, an seinen Seinsgrund. „Denn gerade wir Menschen in diesen hochkomplizierten Gesellschaften stehen in der Gefahr, unser Gesicht zu verlieren, unsere Träume und unsere Phantasie, angepasst zu werden und sozusagen immer mehr und unbemerkt zurückgezüchtet zu werden [...] auf anpassungsschlaue Tiere, auf sanft funktionierende Maschinen." Beten wird zum „Widerstand gegen die Apathie, gegen diese Gefühllosigkeit, die so zur modernen Tugend zu werden verspricht, in der wir uns stark machen gegen alles, was uns schwächen will."[101] Beten ist darüber hinaus Ausdruck eines gelösten Verhältnisses zur Geschäftigkeit und Hektik einer entfremdenden Konsumwelt.

Beten kann sich freilich nicht beschränken auf das Erinnern an sich selbst. Beten ist auch Erinnern der Welt. „Beten wird geboren aus der aufmerksamen Betrachtung von Dingen, Menschen und Ereignissen, durch die man hindurchzuschauen gelernt hat, betroffen, staunend, dankbar. Oder auch klagend und bittend. Beten heißt somit: durch die Oberfläche des Lebens hindurchdringen, wo sie durchsichtig geworden ist auf Gott hin."[102]

Es ist die Frage erlaubt, ob manche Fürbitten des Gottesdienstes überhaupt als Gebet bezeichnet werden können. Da „betet" die Gemeinde, „... dass du den hungernden Völkern der Dritten Welt in ihrer Not zu Hilfe kommen wollest, ... dass du den verantwortlichen Politikern Gedanken des Friedens eingeben wollest" – aber was tut sie konkret, um den Hunger zu bekämpfen und den Frieden zu fördern? Almosen geben, zur Wahl gehen? Ist nicht vielfach das einzig „Konkrete" an diesen Fürbitten, dass man sich damit beschwichtigt, indem man sagen kann: „Ich vermag da nichts zu ändern, ich habe wenigstens gebetet"? Unausgesprochen, aber unterschwellig vorhanden bleibt vielleicht der

Gedanke: Jetzt soll der liebe Gott sehen, wie er mit den Problemen fertig wird; schafft er's nicht, dann ist das seine Sache; ich kann meine Hände in Unschuld waschen – ich habe gebetet. Ähnlich ergeht es mir auch beim Gebet um geistliche Berufe oder um Einheit im Glauben. Kann, ja darf man es Gott zumuten, für Priesterberufe zu sorgen oder die Ökumene voranzubringen, wenn man nicht bereit ist, die Zulassungsvoraussetzungen zu ändern (Zölibat) oder ehrlich und kompromissbereit nach Gemeinsamkeiten zu suchen? Das Beten des Einzelnen wird aufgenommen und weitergetragen vom Gebet der Gemeinde. Privates und öffentliches Beten gehören zusammen, weil der Christ nur in der Gemeinschaft der Christen wirklich Christ ist. Umgekehrt braucht das Beten des Einzelnen, um nicht zu ermüden und um auch immer neue Impulse zu empfangen, das helfende Zeugnis der betenden Gemeinde, in der sich einer vom anderen getragen und einer für den anderen mitverantwortlich weiß. Es gibt einen großen spirituellen Schatz des Christentums durch die Zeiten. Gemeinsames Beten findet schließlich seinen Ausdruck in der Liturgie, im Gottesdienst der Kirche.

4.5 Spiritualität mit Herz

Das Zweite Vatikanische Konzil sieht in der Kirche einen „Tempel des Heiligen Geistes".[103] Kaum zehn Jahre nach dem Konzil hat KARL RAHNER allerdings genau das Gegenteil festgestellt: „Wir sind doch, wenn wir ehrlich sind, in einem schrecklichen Maße eine spirituell unlebendige Kirche."[104]

Was trifft nun zu? Ich habe den Eindruck, dass, um noch einmal RAHNER zu zitieren, „Ritualismus, Legalismus, Administration und ein sich allmählich selber langweilig werdendes und resignierendes Weiterfahren auf den üblichen Geleisen einer spirituellen Mittelmäßigkeit"[105] tatsächlich weithin in der Kirche

anzutreffen sind. Obendrein (oder deswegen?) haben die Kirchen längst ihr traditionelles Vermittlungsmonopol in Sachen Spiritualität verloren. Sie besitzen allenfalls noch eine Sonntags-, aber so gut wie keine Alltagskompetenz mehr. „Man wird nüchtern zur Kenntnis nehmen müssen, dass die gegenwärtigen Formen kirchlicher Seelsorge an den nachwachsenden Generationen weitgehend vorbeigehen" (FRANZ XAVER KAUFMANN).[106]
Doch es ist auch zu beobachten, dass sich eine neue, andere Spiritualität in der Kirche ankündigt und mehr und mehr an Boden gewinnt: eine Spiritualität, die herzhaft und kreativ ist, die aus dem stillen Hören und dem ruhigen Schweigen erwächst, die unbefangen auch ungewohnte Ausdrucksformen zulässt, die ganzheitlich Leib und Seele, Geist und Gemüt des Menschen anspricht, die sich nicht abkapselt und versteckt, sondern weltoffen und weltzugewandt bleibt.

PAUL OESTREICHER, gelernter Journalist und Publizist, Mitglied der Anglikanischen Kirche und Pfarrer an der Kathedrale von Coventry, erwartet von einem Gottesdienst, dass er wie ein Spiel ist, bei dem alle zum Mitspielen eingeladen sind:

„Darf die zentrale Feier des christlichen Glaubens, das freudige Festmahl der Eucharistie, in dem Leben, Tod und Auferstehung Christi dargestellt werden, in dem Gott zu uns kommt in der Form von Brot und Wein, darf das je weniger sein als ein bewegendes Drama, das Schauspiel aller Schauspiele? Wie bringt man ein solches Wunder auf die kirchliche Bühne? ‚In tiefem Schweigen' wäre eine mögliche dramatische Antwort. Ich frage mich: Können Worte überhaupt in den Dienst des Unaussprechlichen gestellt werden? Vielleicht tanzt sich diese gute Nachricht besser, als das Spiel mit Worten es vermag. Aber dann – um nur ein Beispiel zu nennen – hoffentlich nicht ohne Weihrauch. Denn: Sind nicht all unsere Sinne wichtig? Die Gerüche meiner Kindheit leben in mir weiter. Liturgie – die göttliche Inszenierung – muss also zum Gesamterlebnis werden. Alle Künste mit dabei.

Ich frage mich, kann Liturgie leben, wenn Tag für Tag, Woche für Woche immer wieder das gleiche Stück gespielt wird? Ist das nicht programmierte Langeweile? Nicht unbedingt. Der gelernte Schauspieler, der in seiner Rolle aufgeht, ist in der Lage, die dreißigste Vorführung Hamlets so zu spielen, als ob er die Worte zum allerersten Mal spricht. Jedes Mal neu. Jede Vorführung einmalig, völlig frisch. So müsste jeder Gottesdienst verlaufen: in der Tradition verankert und zugleich jedes Mal ein neues Aha-Erlebnis mit viel Raum für das Spontane ... Gebet ist Aktualität. Gottesdienst darf um Himmels willen nicht langweilig sein.

Musik, Tanz, Worte, Gedanken, lange Zeiten der Stille, Dunkelheit und Licht – und alle sind eingeladen mitzuspielen. Die Rollenverteilung ist wichtig. Zuschauer, die sich noch nicht trauen mitzuspielen, sind aber auch willkommen. Liturgie ist Leben und immer ein Liebesspiel. Dreht sich das Spiel um Brot und Wein, dann ergibt sich sofort die Frage, wer, welche Familie backt liebevoll das Brot und bringt es feierlich zum Altar? Schrecklich der Gedanke, man kaufe leblose Hostien aus irgendeiner Hostienproduktion. Brot spricht von Leben und Liebe. Und wer spendet den Wein? Und wer liest – nach sorgfältiger Probe? Sind Kinderstimmen nicht Jesus am nächsten?"[107]

Immer mehr Pfarreien gehen dazu über, neue Formen der Spiritualität, wie sie hier vorgeschlagen und praktiziert werden, in den „ganz gewöhnlichen" Sonntagsgottesdienst einzubringen.

• Da gibt es den liturgischen Tanz, an dem sich nach anfänglichem Zögern auch die „normalen" Gottesdienstbesucher beteiligen. Bei einer Firmfeier war der Bischof der einzige, der abseits stehen blieb (aber immerhin äußerte er sich nach dem Gottesdienst sehr positiv zu diesem Experiment).
• Da gibt es die Bildmeditation, an der sich (in kleineren Gemeinden) alle Gottesdienstbesucher beteiligen, indem sie ihre Gedanken äußern.

- Da gibt es eine längere Zeit der Stille nach dem Predigtwort oder dem Kommunionempfang.
- Da gibt es statt eines Predigt-Monologs des Pfarrers den munteren, zum Teil auch kontrovers geführten Dialog aller Gemeindeglieder über das Sonntagsevangelium.
- Da gibt es ein lebendiges, quirliges Treiben der großen und kleinen Kinder beim Familiengottesdienst.

Ein Jugendlicher schildert, was er unter „Gottesdienst" versteht:

„Gottesdienst ist für mich:
– ein Abend, den ich zusammen mit vielen Menschen verbringe, irgendwo unter freiem Himmel
– Menschen, die ein Ohr für mich offen haben
– die mich so annehmen und so haben wollen, wie ich wirklich bin
– die mir gern helfen wollen
– die mir zuhören können
– die mich lieben können
– die nicht lachen über meine Schwäche
– über meine Sorgen und Ängste
– über meine Hilflosigkeit
– und über meine sensible Art
– ein Abend unter Menschen, denen ich vertraue
– ein Abend, an dem ich mich fallen lassen kann
– ein Abend, an dem ich ohne Angst, nicht verstanden zu werden, reden kann.
Mitten unter Menschen, deren Wärme ich spüre
... deren Nähe mir gut tut
... Menschen, die mir Geborgenheit schenken
... Menschen, die mir Kraft geben.
Ein Abend, an dem ich nicht nur nehme, sondern auch gebe:
... etwas von mir selbst
... viel Zeit für die Probleme des anderen

... ein Abend, an dem ich ihm seine Zweifel nehmen will.
Ich will sie lieben, so wie sie sind:
... ich schenke ihnen mein Herz, meinen Trost, meine Kraft,
  meinen Glauben.
Kirche: *rein äußerlich!*
Ein Ort der Kälte, in dem man sich durch die gigantische
Größe sehr verloren vorkommt.
Kirche ist *unpersönlich!"* [108]

4.6 Eucharistiefeier – neues Leben stiften

Die Liturgiekonstitution des Zweiten Vatikanischen Konzils bezeichnet die Eucharistiefeier als „Höhepunkt, dem das Tun der
Kirche zustrebt, und zugleich die Quelle, aus der all ihre Kraft
strömt". [109] Die Wirklichkeit sieht leider zumeist anders aus.
Zwar lässt der äußere Rahmen – zumindest in Deutschland –
meist kaum etwas zu wünschen übrig: Die älteren Kirchengebäude wurden prächtig renoviert, und die neueren sind den theologischen und liturgischen Grundsätzen des Konzils entsprechend
gebaut und ausgestaltet. Wer aber an einem Gemeindegottes-
dienst teilnimmt, erlebt nicht selten eine herbe Enttäuschung: un-
verständliche Gebetstexte, von einem Liturgen gedankenlos und
mit kaum erkennbarer innerer Anteilnahme rezitiert, kein Kontakt zwischen Altar und Gemeinde, Lieder, die nicht die Sprache
der Gegenwart sprechen, kurz: langweilig, geistlos, zum Davon-
laufen bzw. zum Wegbleiben.

Ähnlich sieht es auch der Erzbischof von Freiburg. In einem
„Brief an die Priester, Diakone, Pastoral- und Gemeindereferentinnen und -referenten" seines Bistums schreibt er: „In den Fragen der Sakramentenpastoral besteht derzeit ein hoher Ge-
sprächsbedarf. Dies hat vielfache Ursachen und Hintergründe,
die sowohl mit unserem Kirchesein selbst wie auch mit dem gesellschaftlichen Zusammenhang zu tun haben ... Die Sakramente

gehören zu den kostbarsten Schätzen, die der Kirche anvertraut sind – weil in der Feier der Sakramente die Mitte des Kircheseins ihren Ausdruck findet. Die Sakramente stellen gleichsam die Grundweisen des Handelns Jesu Christi dar: neues Leben stiften, versöhnen, stärken, nähren, heilen ... Freilich kann nicht übersehen werden, dass genau dies für viele Menschen in unserer Kirche nicht (mehr) erlebbar wird. Der Mitvollzug eines Sakramentes bleibt vielfach wie eine leere, unerfüllte Verheißung; es gelingt nur schwer, den Bezug zwischen Sakrament und dem eigenen, tatsächlichen Leben zu finden. Gerade deshalb gilt es, die Kostbarkeit der Sakramente entdecken zu helfen und sie nicht der Mentalität von Angebot und Service anheim zu geben."[110]

Die Hinführung ihrer Kinder zur Erstkommunion haben inzwischen in vielen Pfarreien die Eltern selbst übernommen. Von den sehr positiven Erfahrungen, die dabei gemacht wurden, berichtet der folgende Brief:

„Aus der Erfahrung meiner Pfarrgemeinde kann ich sagen, dass ein Arbeitskreis über sieben Jahre sehr erfolgreich in der Erstkommunionvorbereitung als Familienkatechese gearbeitet hat. Ab dem letzten Kindergartenjahr wurden Eltern und Kinder zu Themen entlang den Feiern des Kirchenjahres eingeladen, in die Planung und zunehmend in die Durchführung von Katechese und Gottesdienst einbezogen. Während des dritten Schuljahres bereitete das Leitungsteam die Eltern für eine Arbeit mit den Kindern in Familiengruppen vor. An diesen Abenden nahmen in der Regel vierzig Erwachsene (bei siebzig Erstkommunionkindern) teil, darunter auch Väter. Je mehr die Freiwilligkeit herausgestellt wurde, um so mehr Eltern kamen.

Viele Eltern hatten endlich Gelegenheit, in einer offenen Atmosphäre über ihren Glauben, ihre Glaubenszweifel und ihre ureigensten Probleme mit der Kirche zu sprechen. Viele fanden nach Jahren wieder in die Kirche. Viele konnten sich wenigstens mit der Kirche versöhnen. Viele erkannten ihre eigene Verantwortung um die Weitergabe des Glaubens. Konfessionsverbindende Ehepaare fanden einen gemeinsamen Standpunkt. Alle, Kinder und Eltern, lernten eine religiöse Gemeinschaft kennen. Fast alle wurden bereichert durch eine Vertiefung ihres Glaubens. Die Gottesdienste spiegelten die Lebendigkeit gemeinsamen Tuns. Am „Weißen Sonntag" zeigte eine beeindruckende Feier, wie viel Laien in der Kirche bewegen können, wenn sie einbezogen werden. Ausdrücklich ist festzustellen, mit welcher Würde alle Teilnehmenden der Einladung folgen. Gelernt haben wir: Ihren Glauben nehmen die Menschen sehr wichtig! So viele suchen ..."[111]

Dass eine Eucharistiefeier zu einer tiefen und nachhaltigen religiösen Erfahrung werden kann, schildert der folgende Text:

„Mit einer Gruppe von Theologen und Studenten besuchte ich Israel. Wir fuhren in jene Orte, deren Namen uns seit Kindestagen vertraut sind als Stätten, in denen Gott uns Menschen in besonderer Weise nahe gekommen ist: Nazaret, Kafarnaum, Betlehem, Jerusalem. Wir betraten die Kirchen und Kapellen, die zur Erinnerung an jene wunderbaren Geschehnisse errichtet wurden. Eine rührende Frömmigkeit sprach aus den künstlerisch meist wenig überzeugenden Fresken an den Wänden, aus den Glasfenstern und aus der Art und Weise der Raumgestaltung. Wir lasen in diesen steinernen Gotteshäusern aus der Heiligen Schrift. Wir versuchten, still zu beten und zu meditieren.

Doch mehr und mehr empfanden wir ein Unbehagen. Ein Wort von RAINER MARIA RILKE *kam mir in den Sinn: ,Wir bauen Bilder vor dir auf wie Wände, so dass schon tausend Mauern um dich stehn. Denn dich verhüllen unsre frommen Hände, sooft dich unsre Herzen offen sehn.'[112]*

Der Schauer der heiligen Stätten nahm uns gefangen, aber der von Menschenhand geformte und so ungenügend gestaltete Ausdruck der Verehrung stießen uns eher ab. Die ,heiligen Stätten' wirkten wie Mauern, die sich zwischen uns und die hier so dicht erfahrbar gewordene Nähe Gottes schoben. Die Kirchen und Kapellen sind mit Kostbarkeiten ausgeschmückt, die viel Liebe und Hingabe an das Geschehen vor 2000 Jahren erkennen lassen. Aber sie zeigen allzu deutlich, dass alles wohlmeinende Bemühen kläglich scheitert, die lebendige Gotteserfahrung in tote Form zu gießen. Sie lassen erkennen, dass das einfache Sehen des Herzens durch Bilder verstellt wird, seien sie auch in noch so frommer Absicht gemalt. Was den Zugang zum Heiligen eröffnen soll, versperrt ihn. Was das Geheimnis Gottes ein wenig lüften soll, verhüllt es nur noch mehr. Das Unvermögen unserer frommen Hände wird nur allzu offenbar.

Etwas ratlos stellen wir uns die Frage, wo wir am Sonntag in Jerusalem Eucharistie feiern sollen. Diese Feier darf nicht zu einer bloßen Pflichterfüllung werden; sie soll die unvergesslichen und jeden Einzelnen von uns zutiefst berührenden Eindrücke der hinter uns liegenden Woche einen gültigen Ausdruck finden lassen. Die Kirchen üben keine Anziehungskraft auf uns aus. So wählen wir eine schlichte und offene Form. Wir suchen einen ruhigen Platz am Ölberg und setzen uns im Halbkreis auf den staubigen und steinigen Boden. Der Tisch für das eucharistische Mahl ist die Erde, auf die wir ein weißes Tuch breiten. Brot haben wir am Vortag besorgt: weiße Fladen, ohne Sauerteig gebacken. Roten Wein gießen wir in einen blauen Keramikkrug, den wir im Basar der Jerusalemer Altstadt gekauft haben.

Über uns weitet sich der wolkenlose Himmel. Unter uns liegt das Kidrontal mit den verwahrlosten Häusern der arabischen Bevölkerung. Ein Junge in zerschlissener Kleidung führt ein paar Ziegen und Schafe zu einigen spärlichen, von der Sonne ausgedörrten Grasbüscheln. An der gegenüberliegenden Seite des Tales erhebt sich machtvoll die Mauer des Tempelplatzes. Darüber glänzt in der Morgensonne die goldene Kuppel des Felsendoms. Unsere Blicke wandern weiter über das Häusergewirr der Altstadt und suchen die Kuppel der Grabeskirche. Licht und Schatten stoßen hart aufeinander. Menschliches Vermögen und Unver-

mögen fließen ineins. Die großartige Anlage des Tempelplatzes lässt uns noch heute ahnen, wie prachtvoll einst der herodianische Tempel gewesen sein muss. Aber nur 5 km entfernt liegt Betlehem, wo nach dem Lukasevangelium Jesus in einer Krippe geboren wurde, weil in der Herberge kein Platz war.

Gott hat einen ,profanen' Weg gewählt für seine Offenbarung in Jesus Christus. An den Tempeln der Menschen vorbei ist er auf uns zugegangen. Er hat sich gebückt, um unter den zum Gebet erhobenen Händen der so genannten Frommen hindurch uns nahe kommen zu können.

Wir lesen in der Schrift von dem aus dem Himmel herabkommenden neuen Jerusalem, in dem kein Tempel mehr sein wird, weil der Herr, der Gott, der Herrscher des Alls, ihr Tempel ist (Offb 21,22). Wir schweigen und schauen. Unser Blick umfasst das erhabene Bild der Tempelmauer und des Felsendoms ebenso wie das Bild des kümmerlich gekleideten Araberjungen und der armseligen Hütten im Kidrontal. Unser Auge schaut in die Tiefe. Der Hintergrund erschließt sich. Das Oben wird zum Unten und das Unten zum Oben. Wir begreifen. Gott kann die Wälle schleifen, die wir vor ihm aufrichten. Er kann die Bilder durchleuchten, die wir zwischen ihn und uns schieben. Er kann die Hände fassen und an sich ziehen, die sich ahnungsvoll-unbeholfen nach ihm ausstrecken. Gott kennt keinen Abstand zum Menschen. Den Abstand schaffen wir selber. Gott errichtet keine Trennwand vor dem Allerheiligsten. Das besorgt der Mensch. Der Glanz unserer Kirchen kann uns blenden, aber Gott entzündet sein Licht in unserem Inneren. Der Schmuck unserer Kapellen kann uns die Sicht versperren, aber Gott ist ganz nahe mit seinem Wort. Die gespreizte Festlichkeit unserer Gottesdienste kann uns selber starr und steif machen, aber Gott ist es, der unser Herz jubeln macht.

Die neue Stadt ohne Tempel und ohne Mauern wird kommen. Aber sie ist nicht Menschenwerk. Der Mensch kann diese Vollendung nicht schaffen. Er kann seiner Sehnsucht diese letzte Er-

füllung nicht geben. Gott selber wird kommen. Gott ist gekommen. In Jesus von Nazaret, der dort irgendwo mitten im Häusergewirr ans Kreuz geschlagen wurde, haben wir ein Angeld auf die unverhüllte Zukunft Gottes empfangen. Hier, in dieser Gegend, ist das Unglaubliche geschehen, dass Menschen behaupteten: Er lebt; er ist nicht tot; er ist auferstanden; er ist uns begegnet in der Gestalt eines Fremdlings, eines Gärtners; er wird uns begegnen als Armer oder Hungernder, als Verfolgter oder Kranker – immer anders, als wir ihn uns vorstellen, anders als wir ihn erwarten. Hier kamen sie zusammen in ihren Häusern, um im Gedenken an ihn Mahl zu halten, und sie erfuhren, dass er in ihrer Mitte ist. Hier gingen ihnen die Augen auf, und sie erkannten zögernd und tastend die neue Weise seiner Gegenwart.

So feiern wir Eucharistie. In Dankbarkeit für das, was Gott in Jesus getan hat, und für die Verheißung, die er uns gegeben hat. Wir essen von dem heiligen Brot, das der Leib Christi ist, hingegeben für alle. Wir trinken aus dem Krug und erneuern den Bund Gottes mit den Menschen, mit uns. Wir halten Mahl in Freude und Zuversicht, weil dieses gemeinsame Essen und Trinken uns hinweist auf jenes große himmlische Gastmahl, bei dem Gott der Gastgeber sein wird und wir alle die Geladenen.

Die Bilder sind durchsichtig geworden und lassen unser Auge dahinter in die Tiefe schauen. Die Mauern begrenzen den Blick nicht mehr, sondern geben ihn frei in die unendliche Weite. Die Hände haben wir sinken lassen und sie einander gereicht. Er ist mitten unter uns ..."[113]

Gewiss, es ist kaum möglich, jeden Sonntag in derart dichter Weise Eucharistie zu feiern. Doch es ist zu fragen, ob es nicht sinnvoller wäre, angesichts der gegenwärtigen pastoralen Notsituation lieber nur alle vier Wochen in einer Gemeinde Eucharistie zu feiern (dafür aber diese Feier gründlich vorzubereiten, um sie zu einer wirklichen Gottes- und Christusbegegnung werden zu lassen), als danach bestrebt zu sein, eine Gemeinde nach dem „Fast-Food-Prinzip" rein quantitativ „ausreichend" zu versorgen – eine solche Pastoral wird niemand anlocken, die Kirchen werden noch leerer werden. Leider gehen die neuesten Pastoral- und Strukturpläne der Bistümer in diese Richtung. Man meint, die gegenwärtige Personalknappheit mit häufig am grünen Tisch konstruierten größeren „Seelsorgeeinheiten" und mit so genannter „Kooperativer Pastoral" bewältigen zu können. Das wird sich bald als folgenschwerer Irrtum erweisen. Denn einem Seelsorger, der lediglich zum Verwalter kaum noch überschaubarer „Seelsorgeeinheiten" bestellt ist, bleibt kaum etwas anderes übrig, als zu versuchen, eine derartige Überforderung durch „Workholismus" und durch Steigerung seiner administrativen Kompetenzen zu bewältigen – nach dem Motto: „Wer das Ziel aus den Augen verliert, verdoppelt seine Anstrengungen." Die Kirchenleitung glaubt, sich zufrieden zurücklehnen zu können in der trügerischen Annahme, die Herausforderung bewältigt zu haben, und verpasst dabei die Chance zu einem wirklich notwendigen (= die Not wendenden), grundlegenden Wandel, weil dieser unangenehm und schmerzlich erscheint und weil er das Aufgeben angeblich unverrückbarer Positionen bedeutet.

Die Weitergabe und das Wiederfinden des Glaubens wird nur dann gelingen, wenn nicht quantitativ ausreichende (Seelen-) „Versorgung", sondern qualitativ ansprechende und spirituell fundierte pastorale Angebote angestrebt werden. Wenn es gelingt, das religiöse Eigentalent suchender und fragender Menschen zu entdecken und zu fördern. Wenn Phantasie und Einfallsreichtum, Experimentierfreudigkeit und Kreativität, Eigeninitiative und Innovationsbereitschaft die kirchliche Gottesdienstpraxis kennzeichnen. Wenn in Kirchengemeinden auch freie und flexible Formen von Riten gefeiert werden (dürfen), die für religiös „Ungebildete" nachvollziehbar und ansprechend sind. Wenn – etwa zum Abschluss ihrer Schulzeit oder gelegentlich eines besonderen Gedenktages, eines Sportereignisses, eines Aufsehen erregenden Unglücks- oder Todesfalls – eine „sakrale" Handlung für jene aufgeschlossenen und nachdenklichen Menschen angeboten wird, die nicht (oder auch vielleicht noch nicht?) zur Kirche gehören, die aber doch nach „mehr" suchen als den oft reichlich oberflächlichen profanen Gedenkfeiern zu solchen Anlässen. Es wird eine mühselige und langwierige Aufgabe sein, den christlichen Gottesdienst im Allgemeinen und die Eucharistiefeier im Besonderen wieder so „attraktiv" zu machen, dass sie nicht wie altehrwürdige, aber verstaubte und längst unmodern gewordene Museumsstücke aus vergangenen Zeiten wirken.

Anmerkungen

[76] Zweites Vatikanisches Konzil, Dogmatische Konstitution „Dei Verbum", Art. 12.

[77] K. Lüthi, Gottes neue Eva, Stuttgart 1978, 199.

[78] Aus: Mitten in der Welt. Hefte zum christlichen Leben 38/39, Freiburg 1971/72, 71 f.

[79] Zit. nach: Christ in der Gegenwart 2001, 7.

[80] Entnommen aus: unsere brücke 2/1991, 5 f.

[81] K. Rahner, Frömmigkeit früher und heute, in: Schriften zur Theologie. Bd. VII, Einsiedeln/Zürich/Köln 1966, 11–31; hier 22; vgl. auch: Ders., Strukturwandel der Kirche als Aufgabe und Chance: Herderbücherei 446, Freiburg i. Br. [1+2]1972, 88 f.

[82] R. M. Rilke und Marie von Thurn und Taxis, Briefwechsel, Zürich 1951, Bd. 1, 436.

[83] P. Teilhard de Chardin, Mon Univers, Paris 1924, 9, zit. nach: N. Luyten, Materie – Bewusstsein – Geist, in: Teilhard de Chardin, Studien und Berichte der katholischen Akademie in Bayern, Bd. 39, [2]1967, 53–87; hier: 58 (Hervorhebung von mir).

[84] P. Teilhard de Chardin, Der göttliche Bereich, Olten/Freiburg i. Br. 1962, 138.

[85] P. Teilhard de Chardin, Le Coeur de la Matière, Paris 1950, 19–23.

[86] Vgl. u. a. Ex 3,1–14; 1 Kön 19,4–8.14.

[87] B. Welte, Religionsphilosophie, Freiburg/Basel/Wien [2]1979, 8, 183 f.

[88] Vgl. H. Ehle, Meditation – ein Weg zu einem vertieften Leben, in: Katechetische Blätter 1972, 461–470; hier: 469 f.

89 M. Buber, Die Erzählungen der Chassidim, Zürich 1949, 134 (von mir leicht geändert).

90 Zit. nach: G. Wollmann, Tanzend Gott erfahren, in: Christ in der Gegenwart 1992, 397f; hier: 397.

91 Zit. nach: ebd.

92 Zit. nach: G. Wollmann, Die Gnade tanzt, in: Christ in der Gegenwart 1991, 61.

93 H.-M. Lander, Bewegung und Tanz – Rhythmus des Lebens, Mainz 1988, 6.

94 W. Schneider, Lobt ihn mit Tanz. Neue Vorschläge für den Gottesdienst, Freiburg/Basel/Wien 1990, 7–11.

95 E. Hennecke / W. Schneemelcher, Neutestamentliche Apokryphen, Bd. 2, Tübingen ³1964, 153–157.

96 Hippolyth von Rom. Zit. nach: F. Kamphaus, Briefe an junge Menschen. Als MS gedruckt, Limburg 1988, ohne Seitenzahl. Keine Quellenangabe.

97 Zit. nach: ebd.

98 H. Schaller, Art. „Gebet", in: Neues Handbuch theologischer Grundbegriffe, Bd. 2, München 1984, 26.

99 Das Zitat habe ich von einem Predigttext abgeschrieben, der in einer Kirche ausgelegt war. Darauf befand sich leider kein Quellennachweis.

100 K. Jaspers, Existenzerhellung, 1973 (zit. nach: Christ in der Gegenwart 2000,412; dort ohne weitere bibliographische Angaben).

101 J. B. Metz, Woran Beten erinnert, in: Christ in der Gegenwart 1975, 28.

102 K. Rahner, Bemerkungen zum dogmatischen Traktat „De Trinitate", in: Schriften zur Theologie, Bd. IV, Einsiedeln/Zürich/Köln ⁴1967, 105.

103 Zweites Vatikanisches Konzil, Dekret über die Missionstätigkeit der Kirche „Ad gentes", Art. 7.

104 K. Rahner, Strukturwandel der Kirche als Aufgabe und Chance. Herderbücherei 446, Freiburg i. Br. 1972, 88.

105 Ebd.

106 F. X. Kaufmann, Wie überlebt das Christentum? Freiburg 2000, 47.

107 P. Oestreicher, Gottesdienst: alles Theater?, in: Publik-Forum, Zeitung kritischer Christen, Oberursel, Ausgabe Nr. 1/2001, 28–31; hier: 30.

108 Thomas (15 Jahre), zit. nach Katechetische Blätter 1980, 672.

109 Zweites Vatikanisches Konzil, Konstitution über die heilige Liturgie „Sacrosanctum Concilium", Art. 10.

110 Der Erzbischof von Freiburg, Brief vom 25.1.1993 an die Priester, Diakone, Pastoral- und Gemeindereferentinnen und -referenten in der Erzdiözese Freiburg.

111 Brigitte Feldhans; zit. nach: Christ in der Gegenwart 1999, 240.

112 Rainer Maria Rilke, Zweite Strophe des Gedichts „Wir dürfen dich nicht eigenmächtig malen", aus: Ders., Stundenbuch, in: Ders., Werke in 6 Bänden. Bd. 1, Frankfurt/M. 1980, 10.

113 N. Scholl, Vorbei an den Tempeln der Menschen, in: G. Miller (Hg.), Mein Text, München 1982, 139–143.

5
Ausblick

In einer Zeitschrift fand ich die folgenden „Stationen eines Lebenslaufs" abgedruckt:

„Heute habe ich Geburtstag. Ich bin dreizehn. Na ja, kein schlechtes Alter. Wenn nur diese lästige Schule nicht mehr wäre ... Und meine Eltern! Wann werden sie mir endlich erlauben, abends auszugehen? Ja, meine Schwester hat's gut, die hat schon einen Freund und geht jeden Samstag in die Disko.

Zwei Jahre später:
Mein fünfzehnter Geburtstag. Ich durfte zum ersten Mal eine Party veranstalten, es war ganz lustig ... allerdings dauerte es nur bis zehn Uhr. Und die CDs habe ich mir leider ausborgen müssen ... Warum verdiene ich nicht schon selber? Ich werde in den Ferien arbeiten gehen, ich brauche unbedingt einen CD-Player und ein paar schicke Jeans ... In drei Jahren bin ich mit der Schule fertig. Das wird ein Leben! Den Führerschein muss ich sobald als möglich machen. Bis dahin bin ich halt noch von zu Hause abhängig. Aber dann wird alles anders, dann bin ich schon fast großjährig ...

Drei Jahre später:
Achtzehn. Klaus hat mir einen Riesenstrauß gelber Narzissen gebracht. Ob ich ihn einmal heiraten werde? Durchaus denkbar. Vorerst aber muss ich schauen, dass ich zu einem Auto komme. Wozu habe ich schließlich den Führerschein? – Mein Beruf gefällt

mir. Aber ich mag nicht mehr zu Hause wohnen ... eine kleine Wohnung, nicht weit entfernt vom Büro ... Das wär's! Vielleicht in zwei, drei Jahren ...

Fünf Jahre später:
Dreiundzwanzigster Geburtstag. Die ‚Jugend‘ geht langsam zu Ende ... nächstes Jahr werde ich heiraten. Meine Wohnung ist zu klein für eine Familie ... Wir wollen bauen. Ein eigenes Heim, ein kleiner Garten ... Kinder wollen wir ja schließlich auch. Markus soll das erste heißen, wenn's ein Bub wird ...

Mit dreißig Jahren:
Seit sechs Jahren bin ich nun verheiratet. Wir haben fast alle Schulden bezahlt. Markus besucht den Kindergarten. Zu Weihnachten haben wir uns einen Farbfernseher geleistet. Im Sommer fahren wir nach Spanien ... gut, dass ich nebenbei verdiene. Wir brauchen ein neues Auto und eine Geschirrspülmaschine ...

Mit fünfzig Jahren:
Bald wird man mich zum ‚alten Eisen‘ rechnen. Oder zähle ich ohnehin schon dazu? Recht viel habe ich ja nicht mehr mitzureden. In meiner Familie bestimmen die ‚Kinder‘. Markus ist gut verheiratet, die Schwiegertochter ist recht liebenswürdig, aber ... Eveline ist in einem Internat. Zum Wochenende bringt sie manchmal ihre Freunde mit. Selbstverständlich werden alle bewirtet, selbstverständlich tu ich alles für meine Kinder, meinen Mann, ich koche, putze, wasche, bügle; Haushalt, Garten, ein bisschen Fernsehen als Ausgleich ... Meinen Beruf habe ich aufgegeben. Ich brauche das Geld nicht mehr – und meine Nachfolgerin ist jünger, leistungsfähiger als ich. In zehn Jahren werde ich schlohweiß sein ... Innerlich ist mir jetzt schon grau zumute, wenn ich daran denke ... Ich habe mein Leben lang nur gearbeitet. Schritt für Schritt haben wir uns unseren Wohlstand erkämpfen müssen ... Warum bin ich eigentlich nicht zufrieden? Ich bin

doch gesund, habe anständige Kinder, einen braven Mann ...
Trotzdem kommt mir mein Leben leer vor ... Habe ich etwas
falsch gemacht?"

Was soll man der Frau antworten auf diese Frage? Nein, keineswegs. Du hast nichts falsch gemacht. So ein bisschen Katzen-
jammer über sein Leben bekommt jeder einmal. Du hast doch
Erfolg gehabt, du hast anständige Kinder, einen braven Mann,
dir geht es nicht schlecht. Was willst du eigentlich noch mehr?
Sei zufrieden! Anderen geht es viel schlechter. Was sollen die
erst sagen?

Aber vielleicht plagt diese Frau etwas ganz anderes, etwas, was
man auf den ersten Blick nicht erkennen kann. Vielleicht quälen
sie Fragen, die gar nicht so sehr das Äußere betreffen – Wohlstand, Sicherheit, Familie, Geborgenheit –, sondern Fragen, auf
die sie mit ihren fünfzig Jahren noch immer keine Antwort gefunden hat:

Woher komme ich eigentlich? Welche Macht steht hinter der
Tatsache, dass ich lebe? Woher kommt das Leben überhaupt?
Was steht ganz am Anfang? Die Materie? Aber woher kommt die
Materie? Oder steht da nichts am Anfang? Aber wie konnte aus
Nichts etwas werden?

Und wohin gehe ich eigentlich? Was ist das letzte Ziel meines
Lebens? Bleibt am Ende doch das Nichts? Aber wie kann sich
etwas in Nichts auflösen? Was hat das Leben für einen Sinn? Wie
komme ich überhaupt dazu, diese Fragen zu stellen? Was ist das
für eine Unruhe in meinem Inneren, die mich nicht zufrieden sein
lässt mit dem, was ich erreicht habe?

Es gibt wohl kaum einen Menschen, der sich diese oder ähnliche Fragen im Laufe seines Lebens nicht schon gestellt hätte.
Und der darauf keine Antwort gesucht hätte.

Ein Patentrezept für die Beantwortung dieser Lebensfragen
gibt es nicht. Jeder muss die Antwort finden, die für sein Leben
richtig erscheint, mit der er für sein Leben etwas anfangen kann,

mit der er die guten und die dunklen Stunden des Lebens durchstehen kann.

Vielleicht könnten wir antworten: Zugegeben, du hast dich redlich abgemüht. Du hast für deinen Mann und für deine Kinder vorbildlich gesorgt. Du hast gearbeitet, um es im Leben zu etwas zu bringen. Aber du hast die letzte und entscheidende Wirklichkeit außer Acht gelassen. Oder vielleicht hast du sie nur nicht richtig erkannt. Vielleicht bist du an ihr achtlos vorbeigelaufen, obwohl sie dir am Wegrand deines Lebens immer wieder begegnet ist. Du hast dir vielleicht keine Zeit genommen, darüber nachzudenken, was eigentlich dein Leben im Letzten und Tiefsten trägt. Du hast dich zu sehr von den Alltäglichkeiten des Lebens auffressen lassen. Du hast vor den Hindernissen, die dir im Weg lagen, kapituliert. Du hast nicht ernsthaft jene Wirklichkeit gesucht, die alles trägt und umfasst, die erster und letzter Grund unseres Daseins ist, von der wir kommen und auf die hin wir unterwegs sind – Gott.

Und vielleicht könnten wir ihr von unserem Glauben erzählen. Vielleicht könnten wir ihr mit einem persönlichen Bekenntnis dieses Glaubens weiterhelfen:

Ich glaube an Gott.
    Er ist wie Vater und Mutter.
    Er ist Anfang von allem
    und Freund des Lebens.
Ich glaube an Jesus, den Christus.
    Er ist das Kind jüdischer Eltern,
    ein Geschenk für die ganze Welt.
    In Wort und Tat hat er Zeugnis gegeben
    von der Liebe Gottes zu seinem Volk und zu allen Menschen.
    Pontius Pilatus hat ihn zum Tode verurteilt
    und kreuzigen lassen.
    Doch Gott hat ihn vom Tode erweckt.
    Das bezeugen seine Freunde.

Ich glaube an Gottes Leben schaffenden Geist.
Ich bekenne mich zu der einen christlichen Kirche,
geeint in Wort und Sakrament.
Ich erwarte die Auferweckung der Toten
zu einer versöhnten Gemeinschaft aller in Gott.
Amen. [114]

Anmerkung

[114] N. Scholl, Das Glaubensbekenntnis – Satz für Satz erklärt, München 2000, 194.